CIELO

II

"Las doce puertas eran doce perlas;
cada una de las puertas era una perla.
Y la calle de la ciudad era de oro puro,
transparente como vidrio."

(Apocalipsis 21:21)

CIELO

II

Lleno de la Gloria de Dios

DR. JAEROCK LEE

URIM
BOOKS

CIELO II, escrito por el by Dr. Jaerock Lee
Publicado por Libros Urim (Representante: Seongkeon Vin)
235-3, Guro-dong 3, Guro-gu, Seúl, Corea
www.urimbooks.com

Derechos de autor © 2011 por el Dr. Jaerock Lee
ISBN: 978-89-7557-509-9, ISBN: 978-89-7557-453-5(set)
Derechos de traducción © 2004 por la Dra. Esther K. Chung. Usado con permiso.

Publicado originalmente en coreano por Libros Urim en el 2002.

Primera publicación: diciembre 2011

Editado por la Dra. Geumsun Vin
Diseño por el Departamento Editorial de Libros Urim
Impreso por Yewon Printing Company
Para mayor información contáctese con urimbook@hotmail.com

Prefacio

Ruego que usted pueda convertirse en un verdadero hijo de Dios y que logre compartir el amor verdadero en medio de la felicidad y gozo eternos en la Nueva Jerusalén, donde abunda el amor de Dios...

Doy todas las gracias y gloria a Dios Padre quien claramente me ha revelado la vida en el Cielo y nos ha bendecido con la publicación del libro *CIELO I: Tan resplandeciente y hermoso como el cristal* y ahora también de *CIELO II: Lleno de la gloria de Dios.*

Anhelé conocer detalladamente acerca del Cielo, así que me mantuve orando y ayunando. Después de siete años, finalmente Dios respondió mi oración. Hoy Él me revela secretos profundos acerca del reino espiritual.

En la primera parte de esta serie titulada *CIELO*, presenté brevemente los varios tipos de moradas celestiales en el Cielo, clasificándolas en Paraíso, Primer Reino de los Cielos, Segundo Reino de los Cielos, Tercer Reino de los Cielos y Nueva Jerusalén. Esta segunda parte explora con mayor profundidad el lugar más hermoso y glorioso de todos en el Cielo: la Nueva Jerusalén.

El Dios de amor mostró la Nueva Jerusalén al Apóstol Juan y le permitió escribir acerca de ella en la Biblia. Hoy, cuando la Venida del Señor está más cerca que nunca, Dios está derramando de Su Santo Espíritu sobre innumerables personas y revelando detalladamente lo que es el Cielo. Esto es así a fin de que los no creyentes en todo el mundo lleguen a creer en la vida futura que involucra el Cielo y el Infierno, y para que aquellos que han confesado su fe en Cristo lleven vidas victoriosas en Él y se esfuercen por difundir el evangelio en el mundo entero.

Es por esto que el Apóstol Pablo, quien estaba a cargo de la propagación del evangelio entre los gentiles, amonestó a Timoteo, su hijo espiritual, diciendo: *"Pero tú sé sobrio en todo, soporta las aflicciones, haz obra de evangelista, cumple tu ministerio"* (2 Timoteo 4:5).

Dios me ha revelado con claridad el Cielo y el Infierno para que pueda difundir la descripción de los tiempos por venir a todo rincón del mundo. Él anhela que toda persona reciba salvación; no quiere ver que ni siquiera un alma caiga al

Infierno. Aun más, Dios desea que el mayor número posible de personas ingresen y moren por siempre en la Nueva Jerusalén. Por ende, nadie debe juzgar o condenar estos mensajes provenientes de Dios y revelados por inspiración del Espíritu Santo.

En el libro *CIELO II* usted encontrará gran número de secretos concernientes al Cielo, tales como la apariencia de Dios, quien existe desde antes del inicio de los tiempos, el trono de Dios y otros similares. Creo que estos detalles y relatos proporcionarán una tremenda porción de gozo y felicidad a todos quienes tienen anhelo ferviente por el Cielo.

La ciudad de la Nueva Jerusalén, construida con el inmensurable amor y asombroso poder de Dios, está llena de Su gloria. En ella se encuentra la cumbre espiritual en la que Dios se formó a Sí mismo en la Trinidad para poder llevar a cabo el cultivo de la humanidad. Aquí se encuentra también el trono de Dios.

¿Puede usted imaginar cuán magnífico, hermoso y reluciente es todo este lugar? ¡Es un sitio fantástico y santo que ninguna sabiduría humana puede comprenderlo!

Por lo tanto, debe entender que la Nueva Jerusalén no es una recompensa para todo aquel que recibe salvación, sino que se otorga únicamente a los hijos de Dios cuyos corazones, tras haber sido cultivados en este mundo por un largo tiempo, han llegado a ser puros y relucientes como el cristal.

Mi gratitud especial para Geumsun Vin, Directora de la Casa Editorial, así como al personal y al Departamento de Traducción por esta publicación.

Bendigo en el nombre del Señor a todo el que lea este libro para que se convierta en un hijo verdadero de Dios y que comparta amor verdadero en medio de la felicidad y gozo eternos de la Nueva Jerusalén que está llena de la gloria de Dios.

Jaerock Lee

 Introducción

Anhelo que ustedes sean bendecidos al descubrir en medio de los minuciosos detalles acerca de la Nueva Jerusalén y que moren por la eternidad muy cerca del trono de Dios en el Cielo...

Doy todas las gracias y gloria a Dios quien nos ha bendecido para publicar el libro titulado *CIELO I: Tan resplandeciente y hermoso como el cristal* y ahora su continuación bajo el título *CIELO II: Lleno de la gloria de Dios.*

Este libro está compuesto por nueve capítulos, cada uno de los cuales proporciona una descripción clara de la morada más santa y hermosa en el Cielo: la Nueva Jerusalén, respecto a su tamaño, esplendor y vida.

El capítulo uno, 'La Nueva Jerusalén: llena de la gloria de Dios', provee una visión general de la Nueva Jerusalén y explica acerca de secretos tales como el trono de Dios y la cumbre del reino espiritual en la que Dios se formó a Sí mismo en la

Trinidad.

El capítulo dos, 'Nombres de las doce tribus y de los doce apóstoles', explica la apariencia externa de la ciudad de la Nueva Jerusalén, la cual está rodeada de muros altos y enormes. Los nombres de las doce tribus de Israel se encuentran escritos sobre las doce puertas de la ciudad a sus cuatro lados. Sobre los doce cimientos de la ciudad están los nombres de los doce apóstoles; se aclarecerá la razón e importancia de cada inscripción.

En el capítulo tres, 'Tamaño de la Nueva Jerusalén', aprenderá acerca de la apariencia y dimensiones de la Nueva Jerusalén. Este capítulo explica por qué Dios mide el tamaño de la ciudad con una caña de oro y enseña que, para poder entrar y morar en la ciudad, uno debe poseer todas las cualidades espirituales pertinentes medidas por la caña de oro. Además analiza por qué el ancho, largo y alto de la ciudad de la Nueva Jerusalén es de 6.000 ri según la medida tradicional coreana.

El cuarto capítulo, 'Hecha de oro puro y piedras preciosas de todos los colores' explora en detalle cada material con el que se ha construido la Nueva Jerusalén. La ciudad entera está construida de oro puro y otras piedras preciosas, y se describe la belleza de los colores, brillo y luces. Es más, al explicar la razón por la que

Dios ha adornado los muros de la ciudad con jaspe y la ciudad entera con oro puro y limpio como el vidrio, se habla también de la importancia de la fe espiritual.

En el quinto capítulo, 'El significado de los doce cimientos', usted aprenderá acerca de los muros de la Nueva Jerusalén, construidos sobre doce cimientos, así como la belleza e importancia espiritual del jaspe, zafiro, ágata, esmeralda, ónice, cornalina, crisólito, berilo, topacio, crisopraso, jacinto y amatista. Al añadir la importancia espiritual de cada una de las doce piedras preciosas, notará el corazón de Jesucristo y de Dios. El capítulo anima a alcanzar el corazón representado por las doce piedras preciosas para poder entrar y morar eternamente en la ciudad de la Nueva Jerusalén.

El capítulo seis, 'Las doce puertas de perlas y la calle de oro', explica las razones e importancia espiritual de la construcción en perla de las doce puertas, así como el significado espiritual de la calle de oro que es claro como el cristal. Al igual que una ostra que produce una perla preciosa luego de soportar gran dolor, el capítulo nos anima a dirigirnos a las doce puertas de perla de la Nueva Jerusalén al superar todo tipo de dificultades y pruebas en fe y con esperanza.

El capítulo siete, 'El hermoso espectáculo', nos transporta dentro de los muros de la Nueva Jerusalén que está brillantemente iluminada. Usted aprenderá la importancia espiritual de la frase 'Dios y el Cordero son su templo', así como del tamaño y hermosura del castillo en el que mora el Señor y la gloria de la gente que entrará en la Nueva Jerusalén para pasar la eternidad con el Señor.

El capítulo ocho, 'Vi la santa ciudad, la Nueva Jerusalén', presenta la morada de un individuo quien, entre los muchos que han llevado una vida de fidelidad y santificación en este mundo, recibirá grandes recompensas en el Cielo. Podrá obtener una breve idea de los días de felicidad por venir en la Nueva Jerusalén al leer acerca de los varios tamaños y esplendor de las moradas celestiales, los muchos tipos de instalaciones y la vida en el Cielo en general.

El noveno capítulo o capítulo final, 'El primer banquete en la Nueva Jerusalén', nos lleva hasta la descripción del primer banquete que se realizará en la Nueva Jerusalén tras el juicio del Gran Trono Blanco. Se presentará a algunos de los antepasados de la fe que moran cerca del trono de Dios y se concluirá con una bendición para cada lector a fin de que llegue a tener un corazón puro y claro como el cristal de modo que pueda morar muy cerca del trono de Dios en la Nueva Jerusalén.

¡Mientras más se aprenda acerca del Cielo, más se maravillará! La Nueva Jerusalén, la que se puede considerar 'núcleo' del Cielo, es donde se encuentra el trono de Dios. Si usted conoce acerca de la belleza y gloria de la Nueva Jerusalén, ciertamente tendrá esperanza sincera por el Cielo y estará seguro de su vida en Cristo.

Mientras se acerca cada vez más el momento del regreso del Señor, antes del cual habrá terminado de preparar las moradas en el Cielo para nosotros, anhelo que con la lectura de *CIELO II: Lleno de la gloria de Dios* usted se prepare para la vida eterna.

Ruego en el nombre del Señor Jesucristo que usted llegue a morar cerca del trono de Dios al santificarse con la ferviente esperanza de vida en la Nueva Jerusalén y al ser fiel en todas sus tareas encomendadas por Dios.

Geumsun Vin,
Directora de la Casa Editorial

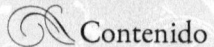 Contenido

Prefacio

Introducción

ᚼ Capítulo 1 ᚼ

La Nueva Jerusalén:
llena de la gloria de Dios

"Y me llevó en el Espíritu a un monte grande y alto,
y me mostró la gran ciudad santa de Jerusalén,
que descendía del cielo, de Dios,
teniendo la gloria de Dios.
Y su fulgor era semejante al de una piedra preciosísima,
como piedra de jaspe, diáfana como el cristal".

- Apocalipsis 21:10-11

El Cielo es un reino en el mundo de cuatro dimensiones, gobernado por el Dios de amor y de justicia mismo. Aunque no es visible a simple vista, el Cielo ciertamente existe. ¡Cuánta felicidad, gozo, agradecimiento, y gloria rebosarán en el Cielo ya que es el mejor regalo que Dios ha preparado para Sus hijos que han recibido la salvación!

Sin embargo, hay diferentes moradas dentro del Cielo. Allí está la Nueva Jerusalén en la cual está el Trono de Dios, y también está el Paraíso donde las personas que fueron salvas con mucha dificultad han de vivir perpetuamente. Al igual que la vida en una casa sencilla y la vida en el castillo de un rey varían considerablemente incluso en este mundo, hay mucha diferencia en gloria entre entrar al Paraíso y entrar a la Nueva Jerusalén.

Sin embargo, algunos creyentes consideran 'el Cielo' y 'la Nueva Jerusalén' como si fueran iguales, y algunos ni siquiera saben que hay una Nueva Jerusalén. ¡Cuán lamentable es esto! No es fácil poseer el Cielo aunque se conozca mucho acerca de él. Pero, por otra parte, ¿cómo puede uno avanzar a la Nueva Jerusalén sin conocer acerca de ella?

Por esta razón, Dios reveló la Nueva Jerusalén al Apóstol Juan y permitió que escriba acerca de ella detalladamente en la Biblia. Apocalipsis 21 explica la Nueva Jerusalén en profundidad, y Juan quedó impresionado tan sólo al mirar su parte externa.

Juan declaró: *"Teniendo la gloria de Dios. Y su fulgor era semejante al de una piedra preciosísima, como piedra de jaspe, diáfana como el cristal"* (vv. 10-11).

Pero, ¿por qué la Nueva Jerusalén está llena de la gloria de Dios?

El trono de Dios está en la Nueva Jerusalén

En la Nueva Jerusalén está el trono de Dios. ¿Cuán llena de la gloria de Dios estará la Nueva Jerusalén ya que Dios mismo habita en ella?

Esa es la razón por la que usted puede ver que la gente está dando gloria, gracias y honor a Dios día y noche en Apocalipsis 4:8: *"Y los cuatro seres vivientes tenían cada uno seis alas, y alrededor y por dentro estaban llenos de ojos; y no cesaban día y noche de decir: Santo, santo, santo es el Señor Dios Todopoderoso, el que era, el que es, y el que ha de venir".*

La Nueva Jerusalén también es llamada la 'Santa Ciudad' porque es creada otra vez con la Palabra de Dios, quien es veraz, perfecto, y la luz misma sin ninguna oscuridad que se encuentre en Él.

Jerusalén es el lugar donde Jesús, quien vino en persona para abrir el camino de la salvación a toda la humanidad, predicó el evangelio y cumplió la Ley con amor. Por lo tanto, Dios construyó la Nueva Jerusalén para que habiten todos los creyentes que también cumplieron la Ley con amor.

El trono de Dios en el centro de la Nueva Jerusalén

¿En qué parte de la Nueva Jerusalén está el trono de Dios? La respuesta nos está revelada en Apocalipsis 22:3-4 que dice:

"Y no habrá más maldición; y el trono de Dios y del Cordero estará en ella, y sus siervos le servirán, y verán su rostro, y su nombre estará en sus frentes".

El trono de Dios se encuentra ubicado en el centro de la Nueva Jerusalén y solamente los que obedecen la Palabra de Dios como siervos obedientes pueden entrar allí y ver el rostro de Dios.

Por esto es que Dios nos ha dicho en Hebreos 12:14: *"Seguid la paz con todos, y la santidad, sin la cual nadie verá al Señor"* y en Mateo 5:8 leemos: *"Bienaventurados los de limpio corazón, porque ellos verán a Dios".*

Por lo tanto, debe entender que no todos pueden entrar a la Nueva Jerusalén donde está el trono de Dios. Del mismo modo, incluso en este mundo, no cualquiera puede entrar a la habitación o edificio en el cual se aloja un presidente o rey y verle cara a cara.

¿Cómo es el trono de Dios? Algunas personas podrían pensar que sólo se parece a una gran silla, pero eso no es así. En un sentido limitado, representa un asiento sobre el cual Dios está sentado. En un sentido amplio, se refiere a la morada de Dios.

Por consiguiente, 'el trono de Dios' se refiere a la morada de Dios, y alrededor de Su trono en el centro de la Nueva Jerusalén hay un arco iris y los tronos de los veinticuatro ancianos.

El arco iris y los tronos de los 24 ancianos

Uno puede sentir la belleza, magnificencia e inmensidad del trono de Dios al leer Apocalipsis 4:3-6:

"Y el aspecto del que estaba sentado era semejante a piedra de jaspe y de cornalina; y había alrededor del trono un arco iris, semejante en aspecto a la esmeralda. Y alrededor del trono había veinticuatro tronos; y vi sentados en los tronos a veinticuatro ancianos, vestidos de ropas blancas, con coronas de oro en sus cabezas. Y del trono salían relámpagos y truenos y voces; y delante del trono ardían siete lámparas de fuego, las cuales son los siete espíritus de Dios. Y delante del trono había

como un mar de vidrio semejante al cristal; y junto al trono, y alrededor del trono, cuatro seres vivientes llenos de ojos delante y detrás".

Muchos ángeles y huestes celestiales están sirviendo a Dios. También hay muchas otras criaturas espirituales tales como querubines y los cuatro seres vivientes que están a Su servicio.

Asimismo, el mar de cristal se extiende delante del trono de Dios. La vista es tan hermosa, con muchas clases de luces que rodean el trono de Dios que se reflejan en el mar de cristal.

¿Cómo están ubicados los veinticuatro ancianos alrededor del trono de Dios? Doce están detrás del Señor, y los otros doce detrás del Espíritu Santo. Estos veinticuatro ancianos están totalmente santificados y tienen la potestad de estar delante de Dios.

El trono de Dios es tan hermoso, magnífico y mucho más allá de lo que alguien se pueda imaginar.

El trono original de Dios

Hechos 7:55-56 relata cómo Esteban vio el trono del Cordero a la diestra del trono de Dios:

"Pero Esteban, lleno del Espíritu Santo, puestos los ojos en el cielo, vio la gloria de Dios, y a Jesús que estaba a la diestra de Dios, y dijo: He aquí, veo los cielos abiertos, y al Hijo del Hombre que está a la

diestra de Dios".

Esteban llegó a ser un mártir al ser apedreado mientras estaba valientemente predicando a Jesucristo. En el preciso momento antes que Esteban muriera, sus ojos espirituales fueron abiertos y pudo ver al Señor de pie a la diestra del trono de Dios. El Señor no pudo permanecer sentado sabiendo que Esteban pronto sería martirizado por los judíos que habían escuchado su mensaje. Así que se puso de pie de Su trono y derramó lágrimas al mirar a Esteban ser apedreado hasta morir. Esteban vio esta escena con sus ojos espirituales abiertos.

Del mismo modo, Esteban vio el trono de Dios donde Dios y el Señor Jesús permanecen, y usted debe entender que este trono es diferente del que el Apóstol Juan vio en la Nueva Jerusalén.

En tiempos antiguos, cuando el rey salía de su palacio para pasear y mirar el país, su personal construía un lugar que parecía un palacio para que el rey se aloje temporalmente. Del mismo modo, el trono de Dios en la Nueva Jerusalén no es el trono donde Dios habitualmente está, sino el trono donde permanece por cortos períodos de tiempo.

Dios Existió Solo Como la Luz

Dios estaba solo, abarcando todo el universo antes del principio del tiempo (Éxodo 3:14; Juan 1:1; Apocalipsis 22:13). El universo de aquel entonces no era el mismo que ahora vemos con nuestros ojos, sino un solo espacio antes de la división en los mundos espirituales y físicos. Dios existió como la luz e iluminaba todo el universo.

Él no era un simple rayo de luz, sino que era de forma similar a las luces tan resplandecientes y hermosas que tienen apariencia de una corriente de agua con los colores del arco iris. Usted podría entender esto mejor si piensa en las auroras que se ven cerca del Polo Norte. Una aurora es un grupo de diferentes colores de luz esparcidos como una cortina, y se dice que la vista es tan hermosa que cualquiera que la ve una vez nunca olvidará su belleza.

Entonces, ¿cuánto más hermosas serán las luces de Dios, que es la luz misma, y cómo podemos expresar el esplendor de tantas luces hermosas mezcladas?

Por eso es que en 1 Juan 1:5 dice: *"Este es el mensaje que hemos oído de él, y os anunciamos: Dios es luz, y no hay ningunas tinieblas en él"*. La razón por la que se dice que 'Dios es luz' no es sólo para expresar el significado espiritual que Dios no tiene tinieblas en lo absoluto, sino también para describir la apariencia de Dios, quien existió como luz antes del principio.

Este mismo Dios, quien antes del comienzo del tiempo existió solo como una luz en el universo, estaba lleno de voz.

Dios existió como la luz llena de voz, y esta voz es 'el Verbo' mencionado en Juan 1:1 que dice: *"En el principio era el Verbo, y el Verbo era con Dios, y el Verbo era Dios"*.

La novia del Cordero

Dios quiere que todas las personas tengan un corazón semejante a Su corazón y que entren a la Nueva Jerusalén. Sin embargo, todavía muestra Su misericordia a aquellos que no alcancen este nivel de santificación por medio del cultivo de la humanidad. El dividió el reino de los Cielo en muchas moradas desde el Paraíso hasta el primero, segundo y tercer Reino de los Cielos y recompensa a Sus hijos de acuerdo a lo que han hecho.

Dios otorga la Nueva Jerusalén a Sus verdaderos hijos quienes están completamente santificados y han sido fieles en toda Su casa. Él ha preparado la Nueva Jerusalén en memoria de la ciudad de Jerusalén, el fundamento del evangelio, y como un lugar nuevo que tiene todas las cosas que deseen los hijos de Dios que hayan completado la ley con amor.

Podemos leer en Apocalipsis 21:2 que Dios ha preparado la Nueva Jerusalén de una forma tan hermosa que la ciudad trae a la memoria de Juan a una novia bellamente adornada para su novio:

"Y yo Juan vi la santa ciudad, la nueva Jerusalén, descender del cielo, de Dios, dispuesta como una esposa ataviada para su marido".

La Nueva Jerusalén es como una novia bellamente adornada

Dios está preparando hermosas moradas en el Cielo para las novias del Señor que están embelleciéndose para recibir al novio espiritual, el Señor Jesús, purificando sus corazones. El lugar más hermoso entre estas moradas eternas es la ciudad de la Nueva Jerusalén.

Por eso es que Apocalipsis 21:9 describe a la cuidad de la

Nueva Jerusalén, la cual está ataviada de manera muy hermosa para las novias del Señor, como *"la novia, la esposa del Cordero"*.

¡Cuán llena de gozo y entusiasmo será la Nueva Jerusalén ya que es el mejor regalo para las novias del Señor que el Dios de amor les preparó! Las personas estarán muy emocionadas cuando entren a sus respectivos hogares, construidos y cuidados por el amor de Dios con finas y detalladas consideraciones. Esto se debe a que Dios hace cada casa perfectamente apropiada al gusto del que va a vivir en ella.

Una esposa sirve a su esposo y le provee de un lugar para que descanse. En el mismo sentido, las casas en la Nueva Jerusalén sirven y acogen a las novias del Señor. Este lugar es tan cómodo y seguro que las personas están llenas de felicidad y gozo.

En este mundo, sin importar cuán bien una esposa sirva a su esposo, no le puede dar la perfecta paz y gozo. Sin embargo, las casas en la Nueva Jerusalén pueden dar la paz y gozo que la gente no puede experimentar en este mundo porque están hechas para satisfacer a la perfección el gusto del dueño. Las casas están bella y magníficamente construidas de acuerdo al gusto de los que van a vivir en ellas porque son para las personas cuyos corazones se asemejen el corazón de Dios. ¡Cuán admirables y radiantes serán porque el Señor mismo está a cargo de la construcción!

Si usted verdaderamente cree en el Cielo, estará feliz de tan sólo pensar en tantos ángeles construyendo casas celestiales con oro y piedras preciosas siguiendo la ley de Dios que recompensa a cada uno de acuerdo a lo que ha hecho.

¿Puede imaginarse cuán feliz y gozosa es la vida en la Nueva Jerusalén, la cual sirve y apoya como una esposa?

Las casas celestiales están adornadas de acuerdo a nuestras obras

Las casas celestiales empezaron a ser construidas desde que nuestro Señor resucitó y ascendió al Cielo, y están siendo construidas incluso ahora de acuerdo a nuestras obras. De este modo, las construcciones de las casas de aquellos cuyas vidas en este mundo han terminado ya están completas y los cimientos de algunas casas están siendo puestos y sus columnas están levantándose; el trabajo de algunas casas está casi terminado.

Cuando todas las casas celestiales de los creyentes estén completas, Jesús nos dice en Juan 14:2-3 que Él ha de volver a la Tierra, pero esta vez en el aire:

"En la casa de mi Padre muchas moradas hay; si así no fuera, yo os lo hubiera dicho; voy, pues, a preparar lugar para vosotros. Y si me fuere y os preparare lugar, vendré otra vez, y os tomaré a mí mismo, para que donde yo estoy, vosotros también estéis".

Las moradas eternas de las personas que fueron salvas se determinan en el Juicio del Trono Blanco.

Cuando el dueño entre a su casa después que la morada y recompensas hayan sido decididas de acuerdo a la medida de fe de cada uno, entonces la casa resplandecerá completamente.

Esto sucede porque el dueño y la casa hacen una pareja perfecta el momento que el dueño entra a su casa, al igual que un esposo y una esposa llegan a ser una sola carne.

¡Cuán llena de la gloria de Dios estará la Nueva Jerusalén ya que alberga el trono de Dios, y muchas casas están siendo construidas para que los verdaderos hijos de Dios puedan compartir verdadero amor con Él por siempre!

Resplandeciente como piedras preciosas brillantes y diáfana como el cristal

Estando guiado por el Espíritu Santo, el Apóstol Juan se admiró cuando vio la santa ciudad de la Nueva Jerusalén, y solamente pudo confesar lo siguiente:

"Teniendo la gloria de Dios. Y su fulgor era semejante al de una piedra preciosísima, como piedra de jaspe, diáfana como el cristal" (Apocalipsis 21:11).

Juan dio gloria a Dios mientras estaba mirando la majestuosa Nueva Jerusalén desde lo alto de una montaña, cuando estaba siendo guiado por el Espíritu Santo.

La Nueva Jerusalén resplandece con la gloria de Dios

¿Qué significa el decir que la luz de la Nueva Jerusalén que resplandece con la gloria de Dios es 'semejante al de una piedra

11

preciosísima, como piedra de jaspe, diáfana como el cristal'? Hay muchas clases de piedras preciosas que tienen diferentes nombres de acuerdo a sus componentes y colores. Para que sean consideradas valiosas, cada piedra tiene que producir un color muy hermoso. Entonces, la expresión 'como una piedra muy preciosa' implica que es la perfección de la belleza. Juan el Apóstol compara la hermosa luz de la Nueva Jerusalén con la de las piedras preciosas que la gente considera muy valiosas y hermosas.

Además, la Nueva Jerusalén tiene casas enormes y grandiosas que están decoradas con joyas celestiales que reflejan bellísimas luces, y se puede decir que son resplandecientes y hermosas aun si la ciudad se viera de lejos. Luces azules y blancas que resplandecen con muchos colores parecen estar abrazando la Nueva Jerusalén. ¡Cuán impresionante y encantador será este paisaje!

Apocalipsis 21:18 nos dice que el muro de la Nueva Jerusalén está hecho de jaspe. A diferencia del jaspe opaco de este mundo, el jaspe en el Cielo tiene un color azulado y es tan hermoso y transparente que cuando uno lo mira, se siente como si se estuviese viendo agua limpia. Es casi imposible expresar la belleza de su color con las cosas de este mundo. Además, sólo podemos expresar su color como si fuera transparente, azul y blanco. El jaspe representa la elegancia y claridad de Dios, y la 'justicia' de Dios que es sin mancha, transparente y honesta.

Hay muchas clases de cristal y en términos celestiales se refiere a una piedra sin color, transparente y resistente que es tan limpia y pura como el agua purificada. Los cristales limpios y puros han sido ampliamente usados para decoración desde mucho tiempo atrás porque no sólo son cristalinos y transparentes, sino que también reflejan las luces de una forma muy hermosa. El cristal, aunque no es costoso, refleja espléndidamente las luces que se asemejan al arco iris. Además, Dios ha puesto el brillo de gloria en los cristales celestiales con Su poder, de modo que ni siquiera se les puede comparar con los que se encuentran en este mundo. Juan el Apóstol está intentando expresar la belleza, pureza y resplandor de la Nueva Jerusalén con el cristal.

La santa ciudad de la Nueva Jerusalén está llena de la admirable gloria de Dios. ¡Cuán majestuosa, hermosa y resplandeciente es la Nueva Jerusalén ya que en ella están el trono de Dios y el lugar cumbre donde Dios se dividió en la Trinidad!

Capítulo 2

Nombres de las doce tribus y de los doce apóstoles

"Tenía un muro grande y alto con doce puertas;
y en las puertas, doce ángeles,
y nombres inscritos,
que son los de las doce tribus de los hijos de Israel;
al oriente tres puertas;
al norte tres puertas;
al sur tres puertas;
al occidente tres puertas.
Y el muro de la ciudad tenía doce cimientos,
y sobre ellos los doce nombres
de los doce apóstoles del Cordero".

- Apocalipsis 21:12-14

La Nueva Jerusalén está rodeada de muros que producen luces brillantes y resplandecientes. Todos se quedarán muy sorprendidos al ver la dimensión, magnificencia, belleza y gloria de estos muros.

La ciudad tiene forma de cubo y tiene tres puertas en cada lado; este, oeste, norte y sur, es decir, un total de doce puertas, y es increíblemente enorme. Un ángel digno y majestuoso guarda cada puerta y los nombres de las doce tribus están escritos en ellas.

Además alrededor de los muros de la Nueva Jerusalén hay doce cimientos sobre los cuales se levantan doce columnas y los nombres de los doce discípulos están escritos allí. Todo en la Nueva Jerusalén está hecho con el número '12', el número de la luz, como su fundamento. Esto es con el fin de ayudar a que todos entiendan fácilmente que la Nueva Jerusalén es el lugar para aquellos hijos de luz cuyos corazones se asemejan al corazón de Dios, quien es la luz en Sí mismo.

Veamos ahora las razones por las cuales doce ángeles están guardando las doce puertas de la Nueva Jerusalén y por qué los nombres de las doce tribus y de los doce discípulos están registrados en toda la ciudad.

Doce ángeles guardan las puertas

En tiempos antiguos, muchos soldados o guardias vigilaban las puertas de los castillos en los cuales los reyes u otros oficiales de alto rango se alojaban y vivían. Esta medida era necesaria para proteger los edificios de enemigos e intrusos. No obstante, doce ángeles están protegiendo las puertas de la Nueva Jerusalén aunque nadie puede entrar o invadir según desee porque la ciudad alberga el trono de Dios. Entonces, ¿cuál es la razón?

Para expresar riquezas, autoridad y gloria

La ciudad de la Nueva Jerusalén es enorme y grandiosa más allá de nuestra imaginación. La gran ciudad prohibida de China, en la que los emperadores solían vivir, es igual de grande que la casa de una sola persona en la Nueva Jerusalén. Incluso el tamaño de la Gran Muralla China, una de las siete maravillas del Mundo Antiguo, no puede compararse con el de la Nueva Jerusalén.

La primera razón por la que hay doce ángeles custodiando las puertas es para simbolizar las riquezas, el honor, la autoridad y la gloria. Incluso hoy, los poderosos o ricos tienen sus guardias privados adentro y alrededor de sus casas, y esto muestras las riquezas y la autoridad de los que viven allí.

Por consiguiente, es lógico que ángeles de rangos más altos cuiden las puertas de la ciudad de la Nueva Jerusalén que alberga el trono de Dios. Uno puede sentir la autoridad de Dios y de los habitantes de la Nueva Jerusalén inmediatamente tan sólo al mirar a los doce ángeles, cuya presencia realza la belleza y gloria de la Nueva Jerusalén.

Para proteger a los hijos reconocidos de Dios

¿Cuál es la segunda razón por la que doce ángeles guardan las puertas de la Nueva Jerusalén? Hebreos 1:14 pregunta: "*¿No son todos espíritus ministradores, enviados para servicio a favor de los que serán herederos de la salvación?*" Dios protege a sus hijos que viven en este mundo con Sus ojos resplandecientes y los ángeles enviados por Él. De este modo, los que viven de acuerdo con la Palabra de Dios no serán acusados por Satanás sino que serán protegidos de las pruebas, dificultades, desastres naturales creados por el hombre, enfermedades y accidentes.

Además hay innumerables ángeles en el cielo, que llevan a cabo sus deberes de acuerdo al mandato de Dios, entre ellos están los ángeles que vigilan, registran, y reportan a Dios cada obra de todas las personas ya sea que esta persona sea o no un creyente. En el Día del Juicio, Dios traerá a la memoria incluso cada palabra dicha por cada persona, y dará la recompensa de acuerdo a lo que hayan hecho.

Del mismo modo, todos los ángeles son espíritus sobre quienes Dios tiene control, y es obvio que ellos protegerán y cuidarán a los hijos de Dios incluso al estar en el Cielo. Por supuesto, no habrá ningún accidente o peligro en el Cielo puesto que no hay ninguna oscuridad que provenga de parte del enemigo, el diablo, sino que es el deber natural de ellos servir a sus amos. Este deber no es obligado o forzado por nadie sino que se lleva a cabo voluntariamente de acuerdo con el orden y armonía del reino espiritual; es el deber natural asignado a los ángeles.

Para mantener el orden pacífico de la Nueva Jerusalén

¿Cuál es la tercera razón por la que doce ángeles guardan las puertas de la Nueva Jerusalén?

El Cielo es un reino espiritual perfecto sin ninguna falla y es gobernado en un orden perfecto. No hay odio, disputas, o imposiciones sino que es operado y se mantiene sólo por las órdenes de Dios. Las recompensas y la autoridad se establecen de acuerdo a la justicia de Dios, quien retribuye de acuerdo con la obra de cada uno, y todo se lleva a cabo según esa orden. Una casa dividida contra sí misma caerá. En la misma manera, incluso el mundo de Satanás no está en contra de sí mismo sino que funciona de acuerdo a cierto orden (Marcos 3:22-26). ¡Cuánto más estará establecido y operado en orden el reino de Dios!

Por ejemplo, los banquetes celebrados en la Nueva Jerusalén se llevan a cabo de acuerdo al orden establecido. Las almas salvas en el tercero, segundo y primer Reino, así como en el Paraíso, han de entrar a la Nueva Jerusalén sólo con motivo de invitación, y también de acuerdo al orden espiritual. Allí, ellos agradan a Dios y comparten el gozo junto a los residentes de la Nueva Jerusalén.

Si las almas salvas en el Paraíso, el primero, segundo y tercer Reino pudieran entrar libremente a la Nueva Jerusalén cuando quisieran, ¿qué sucedería? Así como incluso el valor de los mejores y más valiosos objetos disminuye sino son cuidados apropiadamente con el uso y con el paso del tiempo o, si el orden en la Nueva Jerusalén fuese roto, su belleza no podría ser conservada apropiadamente.

Por lo tanto, para mantener el orden pacífico de la Nueva Jerusalén, hay necesidad de las doce puertas y de los ángeles que guardan cada puerta. Por supuesto, aquellos creyentes en el tercer Reino de los Cielos y los que están en el segundo y primer Reino no pueden entrar a la Nueva Jerusalén libremente aunque no hubiera ningún ángel para cuidar la puerta a causa de la diferencia en gloria. La responsabilidad de los ángeles es que el orden se mantenga más adecuadamente.

Nombres de las doce tribus de Israel inscritos en las doce puertas

¿Cuál es la razón para escribir los nombres de las doce tribus de Israel en las puertas de la Nueva Jerusalén? En este mundo, para conmemorar la culminación y/o para revelar información vital de un proyecto de construcción, la gente a menudo pone una piedra de ángulo con ciertas inscripciones o levantan un monumento cerca del proyecto. De modo similar, los nombres de las doce tribus de Israel simbolizan el hecho de que las doce puertas de la Nueva Jerusalén empezaron con las doce tribus de Israel.

Contexto histórico de las doce puertas

Adán y Eva, quienes fueron expulsados del Huerto del Edén a causa de su pecado de desobediencia aproximadamente hace 6.000 años, concibieron muchos hijos mientras vivieron en este mundo. Cuando el mundo se llenó de pecados, todos con excepción de Noé y su familia, un hombre justo entre la gente de su tiempo, fueron castigados y perecieron por el agua.

Entonces hace casi 4.000 años Abraham nació, y cuando llegó el tiempo, Dios lo estableció como el padre de la fe y lo bendijo abundantemente. En Génesis 22:17-18, Dios prometió a Abraham:

"De cierto te bendeciré, y multiplicaré tu descendencia como las estrellas del cielo y como la arena que está a la orilla del mar; y tu descendencia poseerá las puertas de sus enemigos. En tu simiente serán benditas todas las naciones de la tierra, por cuanto obedeciste a mi voz".

Dios, que es fiel a sus promesas, estableció a Jacob, nieto de Abraham, como el fundador de Israel, y puso el fundamento para formar una nación con sus doce hijos. Luego, hace casi 2.000 mil años, Dios envió a Jesús como un descendiente de la tribu de Judá y abrió el camino de la salvación para toda la humanidad.

De esta manera, Dios formó al pueblo de Israel con doce tribus para cumplir la bendición que había dado a Abraham. Además, para simbolizar y señalar este hecho, Dios hizo doce puertas en la Nueva Jerusalén e inscribió los nombres de estas doce tribus de Israel.

Ahora, demos una mirada de cerca a Jacob, el Padre de Israel, y a las doce tribus.

Jacob, progenitor de Israel y sus doce hijos

Jacob, nieto de Abraham e hijo de Isaac, tomó la primogenitura de su hermano mayor Esaú en una forma astuta y tuvo que huir de él a la casa de su tío Labán. Durante su estadía de veinte años en la casa de Labán, Dios refinó a Jacob hasta que llegó a ser el progenitor de Israel.

Génesis 29:21 en adelante explica detalladamente los matrimonios de Jacob y el nacimiento de sus doce hijos. Jacob amó a Raquel y prometió servir a Labán siete años para que pudiera casarse con ella, pero fue engañado por su tío y se casó con Lea, su hermana. Tuvo que prometer a Labán que le serviría otros siete años para casarse con Raquel. Jacob finalmente se casó con Raquel y la amó más que a Lea.

Dios tuvo misericordia de Lea, quien no era amada por su marido, y abrió su vientre para que pueda tener hijos. Lea dio a luz a Rubén, Simeón, Leví, y Judá. Jacob amaba a Raquel, pero no pudo dar a luz hijos por algún tiempo. Entonces, se puso celosa de su hermana Lea y dio a su sierva Bilha a su esposo como mujer. Bilha dio a luz a Dan y Neftalí. Cuando Lea ya no pudo concebir, dio a Jacob a su sierva Zilpa como mujer, y Zilpa dio a luz a Gad y Aser.

Más adelante, Lea aceptó el acuerdo de Raquel de acostarse con Jacob a cambio de las mandrágoras de su primogénito Rubén. Entonces Lea dio a luz a Isacar y Zabulón, y a su hija Dina. Luego Dios se compadeció de Raquel que era estéril y abrió su vientre para que pudiera tener hijos, y por ese tiempo dio a luz a José. Después del nacimiento de José, Jacob recibió la orden de Dios de cruzar el Río Jaboc y regresar a su ciudad con sus dos esposas, dos criadas, y sus doce hijos.

Jacob pasó por dificultades en la casa de su tío Labán por dos décadas. Después de eso se humilló y oró hasta que su muslo se desencajó cerca del río Jaboc, de camino a la ciudad donde nació. Entonces recibió el nuevo nombre de 'Israel' (Génesis 32:28). Israel también se reconcilió con su hermano Esaú y vivió en la tierra de Canaán. Recibió la bendición de llegar a ser el progenitor de Israel y tuvo al último de sus hijos, Benjamín, con Raquel.

Las doce tribus de Israel, pueblo escogido de Dios

José, a quien su padre amaba más de entre sus doce hijos, fue vendido a Egipto a la edad de 17 años por sus hermanos porque estaban muy celosos de él. Dentro de la providencia de Dios, sin embargo, cuando José cumplió los 30 años llegó a ser el primer ministro de Egipto. Como Dios sabía que vendría una gran hambre en la tierra de Canaán, había enviado a José a Egipto primero, y luego permitió que toda su familia vaya a vivir allí para que aumenten hasta llegar a ser un número suficientemente grande para formar una nación.

En Génesis 49:3-28, Israel bendice a sus doce hijos justo antes de morir, quienes ahora son las doce tribus de Israel:

"Rubén, tú eres mi primogénito, mi fortaleza,
(versículo 3)...
Simeón y Leví son hermanos;
Armas de iniquidad sus armas. (versículo 5)...
Judá, te alabarán tus hermanos; (versículo 8)...
Zabulón en puertos de mar habitará (versículo 13)...
Isacar, asno fuerte,
Que se recuesta entre los apriscos; (versículo 14)
Dan juzgará a su pueblo,
Como una de las tribus de Israel. (versículo 16)...
Gad, ejército lo acometerá;
Mas él acometerá al fin. (versículo 19)...
El pan de Aser será substancioso (versículo 20)...
Neftalí, cierva suelta,

Que pronunciará dichos hermosos. (versículo 21)...
Rama fructífera es José, rama fructífera junto a una fuente,
(versículo 22)...
Benjamín es lobo arrebatador (Versículo 27)... "

Todas estas son ahora las doce tribus de Israel, y esto fue lo que su padre les dijo al bendecirlos; dándoles a cada uno las bendiciones apropiadas. Las bendiciones fueron diferentes porque cada hijo (tribu) era diferente en su característica, personalidad, obra y naturaleza.

También, por medio de Moisés, Dios dio la Ley a las doce tribus de Israel que salieron de Egipto, y empezó a conducirlos a la tierra de Canaán, la cual fluye leche y miel. En Deuteronomio 33, vemos a Moisés bendiciendo al pueblo de Israel antes de su muerte.

"Viva Rubén, y no muera; Y no sean pocos sus varones
(versículo 6)
Oye, oh Jehová, la voz de Judá,
Y tú seas su ayuda contra sus enemigos. (versículo 7)
A Leví dijo: "Tu Tumim y tu Urim
sean para tu varón piadoso, (versículo 8)
A Benjamín dijo:
"El amado de Jehová habitará confiado cerca de él. "
(versículo 12)
A José dijo:
Bendita de Jehová sea tu tierra,
Con lo mejor de los cielos, con el rocío,

Y con el abismo que está abajo. (versículo 13)...
Ellos son los diez millares de Efraín,
Y ellos son los millares de Manasés. (versículo 17)...
Alégrate, Zabulón, cuando salieres;
Y tú, Isacar, en tus tiendas. (versículo 18)...
A Gad dijo: Bendito el que hizo ensanchar a Gad;
Como león reposa, (versículo 20)
A Dan dijo: Dan es cachorro de león que salta desde Basán
(versículo 22)...
A Neftalí dijo: Neftalí, saciado de favores,
Y lleno de la bendición de Jehová (versículo 23)...
A Aser dijo: Bendito sobre los hijos sea Aser;
Sea el amado de sus hermanos (versículo 24)...

Leví, entre los doce hijos de Israel, fue excluido de las doce tribus a fin de que sus descendientes lleguen a ser sacerdotes y estén dedicados exclusivamente al servicio de Dios. Por el contrario, los dos hijos de José, Manasés y Efraín, formaron dos tribus para reemplazar a los levitas.

Nombres de las doce tribus

¿Cómo podemos nosotros, que no somos ni miembros de las doce tribus de Israel ni descendientes directos de Abraham, ser salvos y entrar por las doce puertas en las cuales están escritos los nombres de las doce tribus?

Podemos encontrar la respuesta a esa pregunta en Apocalipsis 7:4-8 que dice:

"Y oí el número de los sellados: ciento cuarenta y cuatro mil sellados de todas las tribus de los hijos de Israel. De la tribu de Judá, doce mil sellados. De la tribu de Rubén, doce mil sellados. De la tribu de Gad, doce mil sellados. De la tribu de Aser, doce mil sellados. De la tribu de Neftalí, doce mil sellados. De la tribu de Manasés, doce mil sellados. De la tribu de Simeón, doce mil sellados. De la tribu de Leví, doce mil sellados. De la tribu de Isacar, doce mil sellados. De la tribu de Zabulón, doce mil sellados. De la tribu de José, doce mil sellados. De la tribu de Benjamín, doce mil sellados".

A diferencia de los libros de Génesis y Deuteronomio, en estos versículos el nombre de la tribu de Judá está primero, seguida del nombre de la tribu de Rubén. El nombre de la tribu de Dan está borrado y el nombre de la tribu de Manasés está añadido.

En 1 Reyes 12:28-32 se registra el grave pecado de la tribu de Dan:

"Y habiendo tenido consejo, hizo el rey dos becerros de oro, y dijo al pueblo: Bastante habéis subido a Jerusalén; he aquí tus dioses, oh Israel, los cuales te hicieron subir de la tierra de Egipto. Y puso uno en Bet-el, y el otro en Dan. Y esto fue causa de pecado; porque el pueblo iba a adorar delante de uno hasta Dan. Hizo también casas sobre los lugares altos, e hizo sacerdotes de entre el pueblo, que no eran de los hijos

de Leví. Entonces instituyó Jeroboam fiesta solemne en el mes octavo, a los quince días del mes, conforme a la fiesta solemne que se celebraba en Judá; y sacrificó sobre un altar. Así hizo en Bet-el, ofreciendo sacrificios a los becerros que había hecho. Ordenó también en Bet-el sacerdotes para los lugares altos que él había fabricado".

Jeroboam, quien llegó a ser el primer rey del reino del norte de Israel, pensó que si el pueblo subía a ofrecer sacrificios en el templo del Señor en Jerusalén, ganaría su lealtad a su señor, el Rey Roboam de Judá. El rey hizo dos becerros de oro y levantó uno en Bet-el y el otro en Dan. Prohibió que el pueblo vaya a Jerusalén a ofrecer sacrificios a Dios y los incitó a ofrecer sacrificios en Bet-el y en Dan.

La tribu de Dan cometió el pecado de idolatría y nombró como sacerdotes de Dios a personas comunes del pueblo, aunque ninguno de ellos sino sólo los de la tribu de los levitas podían llegar a ser sacerdotes. Luego instituyeron un festival a los quince días del octavo mes, como el festival que se celebraba en Judá. Todos estos pecados no pudieron ser perdonados por Dios; Él apartó Su rostro de ellos.

De modo que el nombre de la tribu de Dan fue reemplazado por el nombre de la tribu de Manasés. El hecho de que el nombre de la tribu de Manasés fuese añadido, estuvo profetizado en Génesis 48:5. Jacob dijo a su hijo José:

"Y ahora tus dos hijos Efraín y Manasés, que te

nacieron en la tierra de Egipto, antes que viniese a ti a la tierra de Egipto, míos son; como Rubén y Simeón, serán míos."

Jacob, el progenitor de Israel, ya había reconocido a Manasés y Efraín como suyos. Por eso, en el libro de Apocalipsis del Nuevo Testamento, se encuentra que el nombre de la tribu de Manasés está registrado en vez del nombre de Dan.

El hecho de que el nombre de la tribu de Manasés esté registrado entre las doce tribus de Israel así, aunque no era uno de los doce líderes de Israel, indica que los gentiles tomarían el lugar de los Israelitas y serían salvos.

Dios puso el cimiento de una nación por medio de las doce tribus de Israel. Hace casi dos mil años, al lavarnos de nuestros pecados por medio de la preciosa sangre de Jesucristo derramada en la cruz, abrió la puerta y dio una oportunidad para que todos reciban salvación por medio de la fe.

Dios escogió al pueblo de Israel que salió de las doce tribus y los llamó 'Mi pueblo', pero ya que ellos a fin de cuentas no llegaron a obedecer la voluntad de Dios, el evangelio llegó a los gentiles.

Los gentiles, el retoño del olivo silvestre que fue injertado, han reemplazado al pueblo escogido de Dios, Israel, que es el retoño del olivo. Por eso es que el Apóstol Pablo dijo en Romanos 2:28–29: *"Pues no es judío el que lo es exteriormente, ni es la circuncisión la que se hace exteriormente en la carne; sino que es judío el que lo es en lo interior, y la circuncisión es la del corazón, en espíritu, no en letra; la alabanza del cual no viene de los hombres, sino de Dios ".*

En resumen, los gentiles han llegado a reemplazar al pueblo de Israel en alcanzar la Providencia de Dios así como la tribu de Dan fue eliminada y la tribu de Manasés fue añadida. Por lo tanto, incluso los gentiles pueden entrar a la Nueva Jerusalén por medio de las doce puertas en tanto que tengan las condiciones necesarias de fe.

Por consiguiente, no solamente los que pertenecen a las doce tribus de Israel, sino también los que llegan a ser descendientes de Abraham por la fe recibirán salvación. Cuando los gentiles reciben la fe, Dios ya no los considera 'gentiles' sino que, por el contrario, como miembros de las doce tribus. Todas las naciones serán salvas por medio de las doce puertas, y esto revela la justicia de Dios.

Después de todo, las 'doce tribus' de Israel espiritualmente se refieren a todos los hijos de Dios que son salvos por la fe, y Dios ha escrito los nombres de las doce tribus en las doce puertas de la Nueva Jerusalén para representar este hecho.

Sin embargo, puesto que diferentes países y áreas tienen diferentes características, la gloria de cada tribu de las doce tribus y de las doce puertas también es diferente en el Cielo.

Nombres de los doce apóstoles inscritos en los doce cimientos.

¿Cuál es la razón por la que los nombres de los doce discípulos están escritos en los doce cimientos de la Nueva Jerusalén?

Para construir un edificio debe haber cimientos para colocar las columnas. Es fácil calcular el tamaño de la construcción si se mira la profundidad de las zanjas. Los cimientos son muy importantes porque tienen que soportar el peso de toda la estructura.

En la misma forma, los doce cimientos fueron colocados para levantar los muros de la Nueva Jerusalén y las doce columnas, en medio de las cuales se construyeron doce puertas. Entonces las doce puertas fueron creadas. El tamaño de los doce cimientos y de las doce columnas es muy grande y está más allá de nuestro entendimiento. Vamos a profundizarnos más en esto en el siguiente capítulo.

Los doce cimientos son más importantes que las doce puertas

Cada sombra tiene la esencia que proyecta. Por la misma razón, el Antiguo Testamento es la sombra del Nuevo Testamento porque el Antiguo Testamento testificaba de Jesús que iba a venir a este mundo como el Salvador, y el Nuevo Testamento registra el ministerio de Jesús que vino a este mundo, cumplió las profecías, y abrió el camino de la salvación (Hebreos 10:1).

Dios, quien puso el cimiento de una nación por medio de las doce tribus de Israel y promulgó la Ley por medio de Moisés, instruyó a los doce discípulos por medio de Jesús quien cumplió la Ley con amor y los hizo testigos del Señor hasta los confines de la tierra. De este modo, los doce discípulos son los héroes o pioneros que hicieron posible que la Ley del Antiguo Testamento se cumpla y que se construya la ciudad de la Nueva Jerusalén, actuando no como sombra sino como la esencia.

De modo que, los doce cimientos de la Nueva Jerusalén son más importantes que las doce puertas, y el rol de los doce discípulos es más importante que el de las doce tribus.

Jesús y sus doce discípulos

Jesús el Hijo de Dios, quien vino a este mundo en la carne, empezó Su ministerio a la edad de 30 años, llamó a Sus discípulos, y los instruyó. Cuando llegó el tiempo, Jesús dio autoridad a Sus discípulos para echar fuera demonios y para sanar a los enfermos. Mateo 10:2-4 menciona a los doce discípulos:

"Los nombres de los doce apóstoles son estos: primero Simón, llamado Pedro, y Andrés su hermano; Jacobo hijo de Zebedeo, y Juan su hermano; Felipe, Bartolomé, Tomás, Mateo el publicano, Jacobo hijo de Alfeo, Lebeo, por sobrenombre Tadeo, Simón el cananista, y Judas Iscariote, el que también le entregó".

De la manera que Jesús les encomendó, ellos predicaron el evangelio y llevaron a cabo las obras del poder de Dios. Dieron testimonio del Dios vivo y condujeron muchas almas al camino de la salvación. Todos ellos, excepto Judas Iscariote, quien fue instigado por Satanás y terminó vendiendo a Jesús, fueron testigos de la resurrección y ascensión de Jesús, y experimentaron el Espíritu Santo por medio de fervientes oraciones.

Luego, cuando el Señor los comisionó, recibieron el Espíritu Santo y el poder y llegaron a ser testigos del Señor en Jerusalén, en toda Judea y Samaria, y hasta los confines de la Tierra.

Matías reemplazó a Judas Iscariote

Hechos 1:15-26 describe el proceso de reemplazo a Judas Iscariote entre los doce discípulos. Ellos oraron a Dios y echaron suertes. Esto se dio porque los discípulos querían hacerlo de acuerdo a la voluntad de Dios, sin la intervención de ningún pensamiento humano. Finalmente seleccionaron a una persona entre los que habían sido enseñados e instruidos por Jesús, un hombre llamado Matías.

La razón por la que Jesús escogió a Judas Iscariote aun sabiendo que al final lo traicionaría radica en esto. El hecho de que Matías fuese escogido en ese momento significa que incluso los gentiles podían recibir la salvación. También significa que los siervos que Dios escoge hoy pertenecen al puesto de Matías. Desde la resurrección y la ascensión del Señor, ha habido muchos siervos de Dios que fueron escogidos por Dios mismo, y cualquiera que llega a ser uno con el Señor puede ser elegido como uno de los discípulos del Señor, en la forma que Matías llegó a ser Su discípulo.

Los siervos de Dios seleccionados por Dios mismo obedecen la voluntad de su Amo sólo diciendo 'sí'. Si los siervos de Dios no obedecen Su voluntad, no pueden y no deberían ser llamados 'siervos de Dios' o 'siervos escogidos de Dios'. Los doce discípulos, incluyendo a Matías, se asemejaron al Señor, alcanzaron la santidad, obedecieron las enseñanzas del Señor y cumplieron a cabalidad la voluntad de Dios. Llegaron a ser los cimientos de la misión mundial cumpliendo sus obligaciones y responsabilidades hasta convertirse en mártires.

Nombres de los doce discípulos

Los que han sido salvos por la fe, aunque no se santificaron ni fueron fieles en toda la casa de Dios, pueden visitar la Nueva Jerusalén con motivo de invitación, pero no pueden vivir allí para siempre. Por consiguiente, la razón por la cual los nombres de los doce discípulos están escritos en los doce cimientos es para recordarnos que solamente los que se santificaron y fueron fieles en toda la casa de Dios en esta vida pueden entrar a la Nueva Jerusalén.

Las doce tribus de Israel se refieren a todos los hijos de Dios que son salvos por fe. Los que están santificados y son fieles en toda su vida tendrán las condiciones para entrar a la Nueva Jerusalén. Por estas razones, los doce cimientos son más importantes, y por eso es que los nombres de los doce discípulos no están escritos en las doce puertas sino en los doce cimientos.

Pero, ¿por qué Jesús escogió solamente doce discípulos? En Su perfecta sabiduría, Dios cumple Su Providencia la cual designó antes del comienzo del tiempo y hace todas las cosas debidamente. De este modo, sabemos que cuando Jesús seleccionó solo doce discípulos también lo hizo de acuerdo al plan de Dios.

Dios, quien formó las doce tribus en el Antiguo Testamento, seleccionó doce discípulos, usando el número 12 que representa la 'luz' y 'perfección' en el Nuevo Testamento también, de modo que la sombra del Antiguo Testamento y la esencia del Nuevo Testamento llegaron a estar estrechamente vinculados.

Dios no cambia de parecer y de planes que una vez designó, sino que cumple Su Palabra. Por lo tanto, debemos creer toda la Palabra de Dios en la Biblia, prepararnos como novias del Señor para recibirle, y lograr y obtener las condiciones necesarias para entrar en la Nueva Jerusalén como los doce apóstoles.

Jesús nos dijo en Apocalipsis 22:12: *"He aquí yo vengo pronto, y mi galardón conmigo, para recompensar a cada uno según sea su obra"*.

¿Qué clase de vida cristiana debe llevar si verdaderamente cree que el Señor va a regresar pronto? No solamente debe contentarse con haber recibido la salvación por la fe en Jesucristo, sino también debe tratar de despojarse de sus pecados y ser fiel en todos sus deberes.

¡Lo bendigo en el nombre del Señor para que tenga la gloria eterna y las bendiciones en la Nueva Jerusalén al igual que los Padres de la Fe cuyos nombres están escritos en las doce puertas y en los doce cimientos!

&Capítulo 3&

Tamaño de la Nueva Jerusalén

"El que hablaba conmigo tenía una caña de medir,
de oro, para medir la ciudad, sus puertas y su muro.
La ciudad se halla establecida en cuadro,
y su longitud es igual a su anchura;
y él midió la ciudad con la caña, doce mil estadios;
la longitud, la altura y la anchura de ella son iguales.
Y midió su muro, ciento cuarenta y cuatro codos,
de medida de hombre, la cual es de ángel".

- Apocalipsis 21:15-17

Algunos creyentes piensan que todos los que son salvos entrarán a la Nueva Jerusalén la cual alberga el trono de Dios, o malinterpretan que la Nueva Jerusalén es el Cielo en su totalidad. Sin embargo, la Nueva Jerusalén no es todo el Cielo, sino una parte del infinito Cielo. Solamente los verdaderos hijos de Dios que son santos y santificados pueden entrar en ella. ¿Cuán vasto, usted quizás se pregunte, es el tamaño de la Nueva Jerusalén, la cual Dios ha preparado para sus verdaderos hijos?

Examinemos a fondo el tamaño y la forma de la Nueva Jerusalén y el significado espiritual que se esconde en estos aspectos.

Medida con una caña de oro

Es natural que los que tienen verdadera fe y una ferviente esperanza por la Nueva Jerusalén quieran saber acerca de la forma y tamaño de la ciudad. Dios ha preparado la Nueva Jerusalén de una forma tan hermosa y con gran magnificencia ya que es el lugar para los hijos de Dios que están santificados y se asemejan completamente al Señor.

En Apocalipsis 21:1-5, usted puede leer acerca de un ángel que está en pie con una caña de oro para medir el tamaño de las puertas y de los muros de la Nueva Jerusalén. Pero, ¿cuál es la razón por la que Dios hizo que la Nueva Jerusalén sea medida con una caña de oro?

La caña de oro es algo parecido a una vara con un borde recto usada para medir la distancia en el Cielo. Si conoce el significado del oro y de la caña, puede entender la razón por la que Dios mide las dimensiones de la Nueva Jerusalén con una caña de oro.

El oro representa 'fe' porque nunca cambia a través del tiempo. Job confesó en el libro de Job 23:10: *"Mas Él conoce mi camino; Me probará, y saldré como oro"*. Por lo tanto, el oro de la caña de oro simboliza el hecho que la medida de Dios es exacta y nunca cambia, y todas Sus promesas serán guardadas y cumplidas.

Características de la caña que mide la fe

La caña es alta y su filo es suave. Se dobla suavemente con el viento pero nunca se quiebra; tiene suavidad y fuerza a la misma vez. La caña tiene nudos, y esto significa que Dios recompensa de acuerdo con lo que uno ha hecho.

Por lo tanto, la razón por la cual Dios mide la ciudad de la Nueva Jerusalén con la caña de oro es para medir la fe de cada uno con precisión y recompensar de acuerdo a lo que cada individuo ha hecho.

Ahora, consideremos las características y el significado espiritual de la caña para entender por qué Dios mide las dimensiones de la Nueva Jerusalén con la caña de oro.

En primer lugar, las cañas tienen raíces muy profundas y fuertes. Estas llegan a medir de uno a tres metros, casi de tres pies de alto, y las hay en abundancia en las arenas de los pantanos o lagos. Podría parecer que sus raíces son débiles, pero no podemos arrancarlas fácilmente.

Del mismo modo, los hijos de Dios también deberían estar firmemente enraizados en la fe y parados firmes en la roca de la verdad. Solamente cuando usted tenga una fe inmutable que no sea conmovida bajo ninguna circunstancia, podrá entrar en la Nueva Jerusalén cuyas dimensiones se miden con la caña de oro. Es por esta razón que el Apóstol Pablo oró por los creyentes en Efeso, diciendo: *"para que habite Cristo por la fe en vuestros corazones, a fin de que, arraigados y cimentados en amor..."* (Efesios 3:17).

En segundo lugar, las cañas tienen bordes muy suaves. Puesto que Jesús tuvo un corazón manso y tierno, lo cual nos trae a la memoria las cañas, Él nunca entró en disputas o riñas o levantó

37

la voz. Incluso cuando otros lo criticaron o persiguieron, Jesús no disputaba sino que, por el contrario, se alejaba.

Por lo tanto, los que esperan la Nueva Jerusalén deberían tener corazones dóciles como el de Jesús. Si se incomoda o se molesta cuando los demás señalan sus errores o cuando lo amonestan, eso significa que aún tiene un corazón duro y orgulloso, pero si tiene un corazón suave y dócil como el algodón, puede aceptar aquellas cosas con alegría sin ningún sentimiento de lamento o descontento.

En tercer lugar, las cañas se doblan fácilmente en los vientos pero no se rompen tan fácilmente. Después de un fuerte tifón, los grandes árboles a veces son desenraizados, pero las cañas usualmente no se rompen, ni siquiera con los fuertes vientos, porque son suaves. La gente de este mundo a veces compara las mentes y corazones de las mujeres con cañas para expresarlo en una forma negativa, pero la comparación de Dios es todo lo contrario. Las cañas son suaves y pueden parecer muy débiles, sin embargo tienen la fortaleza para no quebrarse, ni siquiera ante los fuertes vientos, y tienen la belleza de sus elegantes flores blancas.

Puesto que las cañas tienen todos los aspectos de algunas cosas como la suavidad, fortaleza y belleza, pueden simbolizar la justicia de ciertos juicios. Tales características de las cañas también se pueden atribuir a la nación de Israel, que tiene un territorio y población relativamente pequeños y está rodeado de vecinos hostiles. Israel pudiera verse como un país débil, pero nunca se 'quiebra' bajo ninguna circunstancia. Esto sucede porque tienen una fe tan fuerte en Dios, la fe que está enraizada en los padres de la fe incluyendo a Abraham. Aunque parece que en cualquier momento se van a derrumbar físicamente, la fe en Dios de los israelitas les permite estar firmes.

Por la misma razón, a fin de entrar a la Nueva Jerusalén, debemos tener la fe que nunca se debilita o flaquea bajo ninguna circunstancia, enraizándonos en Jesucristo que es la roca, como las cañas con fuertes raíces.

En cuarto lugar, los pequeños tallos de las cañas son rectos y suaves de modo que con frecuencia han sido usados para hacer techos, flechas, o plumas para lapiceros. El tallo recto también implica avanzar. Se dice que la fe está 'viva' solamente cuando se mantiene avanzando. Los que se perfeccionan y se desarrollan crecerán en su fe día tras día y seguirán avanzando hacia el Reino de los Cielos.

Dios escoge estos buenos vasos que avanzan hacia el Cielo, los refina y perfecciona de modo que estas personas puedan entrar a la Nueva Jerusalén. Por esta razón, debemos avanzar hacia el Cielo como las hojas que brotan del extremo de un tallo recto.

En quinto lugar, como muchos poetas escribieron acerca de las flores de caña para representar paisajes llenos de paz y tranquilidad, la apariencia de las cañas es muy suave y hermosa, y sus hojas son graciosas y elegantes. 2 Corintios 2:15 dice: *"Porque para Dios somos grato olor de Cristo en los que se salvan, y en los que se pierden"*, los que están sobre la roca de fe emanan el aroma de Cristo. Los que tienen esta clase de corazones tienen rostros llenos de gracia y tranquilidad, y las personas pueden experimentar el Cielo por medio de ellos. Por lo tanto, a fin de entrar en la Nueva Jerusalén, tenemos que emanar el hermoso aroma de Cristo que es como las suaves flores y las elegantes hojas de las cañas.

En sexto lugar, las hojas de las cañas son delgadas y los bordes son lo suficiente filosos para cortar la piel tan solo al menor roce. Del mismo modo, los que tienen fe no deben comprometerse con el pecado sino tienen que llegar a ser como hojas con filo al despojarse del mal.

Daniel, quien fue un ministro de la gran Persia y fue amado por el rey, enfrentó una prueba en la que fue sentenciado a ser lanzado en un foso de leones por hombres malvados que estaban celosos de él. Sin embargo, no se comprometió en lo absoluto, sino que se aferró a su fe. Como resultado, Dios envió su ángel para cerrar la boca de los leones y permitió que Daniel glorifique a Dios grandemente en frente del rey y de todo el pueblo.

Dios se complace con la clase de fe que tuvo Daniel, la fe que no se compromete con las cosas del mundo. Dios protege a los que tienen esta clase de fe en medio de toda clase de dificultades y pruebas, y les permite que le glorifiquen al final. También los bendice y los hace "cabeza, y no cola" dondequiera que van (Deuteronomio 28:1-14).

Además, como nos dice Proverbios 8:13: *"El temor de Jehová es aborrecer el mal ,"* si usted tiene todavía cosas malas en su corazón, tiene que despojarse de ellas a través de la oración ferviente y del ayuno. Solamente cuando no se comprometa con ninguna clase de pecados sino que aborrezca el mal, usted se santificará y tendrá las condiciones para entrar a la Nueva Jerusalén.

Hemos considerado la razón por la cual Dios mide la

ciudad de la Nueva Jerusalén con cañas de oro al estudiar las seis características de las cañas. El uso de las cañas de oro nos permite conocer que Dios mide nuestra fe con precisión y nos recompensa exactamente como hemos obrado en esta vida, y también nos permite saber que Él cumple Sus promesas. Por lo tanto, espero que llegue a entender que debemos tener las condiciones que se ajusten a los significados espirituales de las cañas de oro, se despoje de toda clase de mal y alcance a tener el corazón de Dios.

La Nueva Jerusalén en forma de cubo

Dios específicamente ha registrado el tamaño y la forma de la Nueva Jerusalén en la Biblia. Apocalipsis 21:1-6 nos dice que la ciudad tiene una forma de cubo con 12.000 estadios de largo, de ancho y de alto. Sobre este punto algunos podrían preguntarse: "¿No nos sentiremos como que estamos encerrados?" Sin embargo, Dios ha preparado el interior de la Nueva Jerusalén de una forma tan cómoda y agradable. Además, uno no puede ver a través de la ciudad de la Nueva Jerusalén desde afuera, pero las personas que están dentro pueden ver hacia el exterior. En otras palabras, no hay razón para sentirse incómodo o confinado dentro de los muros de la ciudad.

La Nueva Jerusalén en la forma de un cuadrado

¿Cuál es la razón por la que Dios ha hecho la Nueva Jerusalén en la forma de un cuadrado? Las mismas dimensiones en largo y ancho representan el orden, precisión y justicia de la ciudad de la Nueva Jerusalén. Dios está controlando todas las cosas en orden de modo que las innumerables estrellas, la luna, el sol, el sistema solar y el resto del universo se muevan con precisión y exactitud sin ningún defecto o falla. Del mismo modo, Dios ha creado la ciudad de la Nueva Jerusalén en la forma de un cuadrado para expresar que Él controla todas las cosas y la historia en orden, y cumple todo hasta el fin con precisión.

La Nueva Jerusalén tiene las mismas medidas de ancho y de largo, y doce puertas y doce cimientos; tres en cada lado. Esto simboliza que sin importar la condición social que uno tenga en este mundo, las reglas serán aplicadas justamente a aquellos que tengan las condiciones para entrar a la Nueva Jerusalén. Es decir, las personas que sean calificadas de acuerdo a la medida de la caña de oro entrarán a la Nueva Jerusalén sin tener en cuenta su sexo, edad, raza o condición social.

Esto es porque Dios, con Su carácter recto y justo, juzga con justicia y con precisión mide las calificaciones para entrar a la Nueva Jerusalén. Además, un cuadrado representa el norte, sur, este y oeste. Dios ha creado la Nueva Jerusalén y llama a Sus perfectos hijos que son salvos por medio de la fe de entre todas las naciones de los cuatro puntos cardinales.

2.400 kilómetros de ancho, largo y alto

En Apocalipsis 21:16 podemos leer lo siguiente: *"La ciudad se halla establecida en cuadro, y su longitud es igual a su anchura; y él midió la ciudad con la caña, doce mil estadios; la longitud, la altura y la anchura de ella son iguales"*. Doce mil (12.000) estadios son aproximadamente 15.000 millas o 2.400 kilómetros. De este modo, la Nueva Jerusalén que tiene forma de cubo mide 6.000 ri de ancho, largo y alto.

Además Apocalipsis 21:17 dice: *"Y midió su muro, ciento cuarenta y cuatro codos, de medida de hombre, la cual es de ángel"*. Un codo tiene aproximadamente 45 centímetros o casi 18 pulgadas, así que las paredes tienen alrededor de 65 metros o aproximadamente 213 pies de espesor. Puesto que la ciudad de la Nueva Jerusalén es enorme, sus paredes también son incomparablemente gruesas.

⟨ Capítulo 4 ⟩

Hecha de oro puro y piedras preciosas de todos los colores

"El material de su muro era de jaspe;
pero la ciudad era de oro puro,
semejante al vidrio limpio".

- Apocalipsis 21:18

Imagine que tuviese toda la riqueza y autoridad para construir una casa en la cual usted y su amado o amada fueran a vivir por la eternidad. ¿Cómo le gustaría diseñarla? ¿Qué materiales usaría? Sin importar el costo, la duración del tiempo y la cantidad de la mano de obra que sean necesarios, usted probablemente quisiera construirla en la forma más hermosa y atractiva.

Por la misma razón, ¿acaso nuestro Padre Dios no habría querido construir y adornar la Nueva Jerusalén de una forma hermosa, con los mejores materiales del Cielo, para vivir allí con Sus amados hijos por siempre? Además, cada material en la Nueva Jerusalén tiene un significado diferente para reconocer las veces que hemos sufrido y padecido con fe y amor en este mundo y todo lo que hay allí es majestuoso.

Es muy natural que aquellos que anhelan la Nueva Jerusalén

en lo profundo de sus corazones quieran saber más acerca de la Nueva Jerusalén.

Dios conoce los corazones de estas personas y nos ha dado bastante información sobre la Nueva Jerusalén, incluyendo su tamaño, forma e incluso el espesor de la pared, detalladamente en la Biblia.

¿De qué está hecha la ciudad de la Nueva Jerusalén?

Adornada con oro puro y toda clase de piedras preciosas

La Nueva Jerusalén, la cual Dios ha preparado para Sus hijos, está hecha de oro puro que nunca cambia y decorada con otras piedras preciosas. En el Cielo no hay material como el suelo de este mundo, el cual cambia con el paso del tiempo. Las calles en la Nueva Jerusalén están hechas de oro puro y los cimientos están hechos de piedras preciosas. Si la arena en la orilla del río del Agua de la Vida son oro y plata, ¿cuánto más deslumbrantes serán los materiales de los otros edificios?

La Nueva Jerusalén: La obra maestra de Dios

Entre todos los edificios famosos en el mundo entero, su resplandor, valor, elegancia, y delicadeza difieren de una estructura a otra dependiendo de los materiales usados para construirlos. El mármol es mucho más resplandeciente, más elegante y hermoso que la arena, madera o cemento.

¿Puede imaginarse cuán hermoso y maravilloso sería si usted construyese todo un edificio con piedras preciosas y oro de mucho valor? ¡Cuán preciosos y fantásticos serán los edificios en el Cielo hechos de los materiales más hermosos!

El oro y las piedras preciosas en el Cielo hechos por el poder de Dios son mucho más distintos en su calidad, color y refinamiento que los que están en este mundo. Su pureza y luz que reflejan de una forma tan hermosa no pueden ser expresadas lo suficientemente con palabras.

Incluso en este mundo, muchas clases de vasos pueden ser hechos de la misma arcilla. Pueden ser de costosa porcelana o cerámicas sencillas dependiendo de la clase de arcilla y del nivel de habilidad del alfarero. Tomó miles de años para que Dios construya la Nueva Jerusalén, Su obra de arte, la cual está llena de la majestuosa, preciosa, perfecta gloria del Arquitecto de la ciudad.

El oro puro representa la fe y la vida eterna

El oro puro es un oro cien por ciento libre de impurezas y es lo único que nunca cambia en este mundo. Debido a esta característica, muchos países lo usaron como el estándar para su moneda y tipos de cambio y es usado para decoración y propósitos industriales también. El oro puro es buscado y amado por muchas personas.

La razón por la cual Dios nos dio oro en este mundo es para permitirnos entender que hay cosas que nunca cambian y que el mundo eterno sí existe. Las cosas de este mundo se gastan y cambian a medida que pasa el tiempo. Si tuviésemos solamente tales cosas, sería difícil que nos demos cuenta que hay un Cielo eterno sólo con nuestro limitado conocimiento.

Por eso es que Dios nos permite conocer que hay cosas eternas por medio del oro que nunca cambia. Esto es para que entendamos que hay algo que nunca cambia y para que tengamos esperanza en el Cielo eterno. El oro puro representa la fe espiritual que nunca cambia. Por lo tanto, si es sabio, tratará de obtener fe que es como el oro puro que nunca cambia.

Hay muchas cosas hechas de oro puro en el Cielo. ¡Imagínese cuán agradecidos deberíamos estar tan sólo al mirar el Cielo hecho de oro puro, al cual hemos considerado lo más valioso en esta vida, en este mundo!

No obstante, los que son insensatos consideran el oro solamente como un medio para aumentar o mostrar su riqueza. Por esta razón, se alejan de Dios y no lo aman, y al final terminarán en el lago de fuego o en el lago que arde con azufre en el Infierno y se lamentarán perpetuamente.

"No estaría sufriendo en el Infierno si tan sólo hubiera estimado la fe tan valiosa como consideré el oro en la Tierra".

Por consiguiente, espero que sea sabio y posea el Cielo tratando de obtener una fe que no cambia, no el oro de este mundo que tendrá que dejar una vez que su vida en la Tierra llegue a su fin.

Las piedras preciosas representan la gloria y el amor de Dios

Las piedras preciosas son sólidas y tienen un alto índice de refracción. Tienen y producen hermosos colores y luces. Puesto que no se produce muchas, son amadas por muchas personas y consideradas valiosas. En el Cielo, Dios vestirá a los que posean el Cielo por medio de la fe con fino lino y los adornará con muchas joyas para expresar Su amor.

Las personas aman las piedras preciosas y se esfuerzan por lucir más hermosos usando diversos adornos de oro ¡Cuán hermoso será cuando Dios le de muchas piedras preciosas brillantes en el Cielo!

Uno podría preguntar: "¿Para qué necesitamos piedras preciosas en el Cielo?" Las piedras preciosas en el Cielo representan la gloria de Dios, y la cantidad de piedras preciosas que uno recibe como recompensa representa el grado del amor de Dios por esa persona.

Hay innumerables clases y colores de piedras preciosas en el Cielo. Para los doce cimientos de la Nueva Jerusalén, hay zafiro de un color oscuro transparente, esmeralda de color verde transparente, rubí de rojo oscuro y crisólito de color verde-amarillo transparente. El berilo es verde azulado y nos trae a la memoria el agua limpia del mar, y el topacio tiene un color anaranjado suave. El crisopraso es de color verde oscuro semi-transparente y la amatista tiene un color violeta claro o púrpura oscuro.

Aparte de estos, hay muchísimas piedras preciosas que tienen y producen hermosos colores tales como el jaspe, cornalina, ónice y jacinto. Todas estas piedras preciosas tienen nombres y significados diferentes así como las piedras preciosas de este mundo. Los colores y los nombres de cada piedra preciosa están combinados para mostrar la dignidad, el honor, el valor y la gloria.

Al igual que las piedras preciosas de este mundo que emanan diferentes colores y luces al moverlas en diferentes ángulos, las piedras preciosas en el Cielo tienen varias luces y colores, y las piedras preciosas en la Nueva Jerusalén resplandecen y reflejan luces especialmente dobles o triples.

Es bastante claro que aquellas piedras preciosas son más hermosas, sin ninguna comparación, de las que se encuentran en este mundo, porque Dios mismo da brillo al mineral con el poder de la creación. Por esta razón el Apóstol Juan dijo que la belleza de la Nueva Jerusalén es como las piedras más preciosas.

Además, las piedras preciosas en la Nueva Jerusalén emiten luces mucho más hermosas de las que están en las otras moradas porque los hijos de Dios que entren en la Nueva Jerusalén habrán llegado a alcanzar totalmente el corazón de Dios y dado toda gloria a Él. De este modo, tanto el lado interior y el exterior de la Nueva Jerusalén está adornado con muchas clases de piedras preciosas hermosas de varios colores. No obstante, estas piedras preciosas no son dadas a todos, sino dadas como recompensa de acuerdo a las obras de fe de cada uno en la Tierra.

Los muros de la Nueva Jerusalén hechos de jaspe

Apocalipsis 21:18 nos dice que los muros de la Nueva Jerusalén eran 'hechos de jaspe'. ¿Se puede imaginar cuán majestuosos son los muros de la Nueva Jerusalén los cuales están hechos de jaspe por todos lados?

El jaspe representa la fe espiritual

El jaspe que se halla en este mundo casi siempre es una piedra preciosa sólida y opaca. Sus colores varían, desde verde, rojo, hasta verde-amarillo. Algunos de sus colores se mezclan o algunos tienen manchas. Dependiendo del color, la solidez difiere. El jaspe es relativamente económico y algunos se rompen fácilmente, pero el jaspe celestial hecho por Dios nunca cambia ni se rompe. El jaspe celestial tiene un color blanco azulado y es transparente, de modo que uno siente que se está viendo una gran extensión de agua limpia y transparente. Aunque no se le puede comparar con nada de lo que hay en este mundo, es muy parecido a las brillantes y azules luces del sol que se reflejan en las olas del océano.

Este jaspe representa la fe espiritual. La fe es el elemento más esencial y fundamental para llevar una vida cristiana. Sin fe uno no puede recibir salvación ni agradar a Dios. Además, sin la clase de fe que puede agradar a Dios, no se puede entrar a la Nueva Jerusalén.

Por lo tanto, la ciudad de la Nueva Jerusalén está edificada en base a la fe y la piedra preciosa que puede expresar el color de esta fe es el jaspe. Por esta razón las paredes de la Nueva Jerusalén están hechas de jaspe.

Si la Biblia dijera que 'los muros de la Nueva Jerusalén están hechos con fe', ¿podría la gente entender tal expresión? Por supuesto que no podría entenderse con pensamientos humanos y sería muy difícil que las personas traten de imaginar con cuánta belleza está decorada la Nueva Jerusalén.

Los muros hechos de jaspe iluminan claramente con la luz de la gloria de Dios y están adornados con muchos modelos y diseños.

La ciudad de la Nueva Jerusalén es la gran obra de arte de Dios el Creador y es el lugar de descanso eterno para la mejor cosecha de los 6.000 años del cultivo de la humanidad. ¡Cuán majestuosa, hermosa y resplandeciente debe ser la ciudad!

Debemos entender que la Nueva Jerusalén está hecha con la mejor tecnología y equipos cuyos mecanismos no podemos siquiera imaginar.

Aunque los muros son transparentes, el interior no es visible desde afuera. Sin embargo, esto no quiere decir que las personas dentro de la ciudad se sientan como que si estuviesen encerradas dentro de los muros de la ciudad. Los residentes de la Nueva Jerusalén pueden ver hacia fuera de la ciudad desde adentro y esto da la impresión de que no hubiera paredes. ¡Cuán maravilloso debe ser esto!

Hecha de oro puro como el vidrio limpio

La última parte del versículo en Apocalipsis 21:18 dice: *"... pero la ciudad era de oro puro, semejante al vidrio limpio"*. Consideremos ahora las características del oro para ayudarnos a imaginar la Nueva Jerusalén y captar su belleza.

El oro puro tiene valor inmutable

El oro no se oxida en el aire o en el agua. No cambia con el paso del tiempo y no muestra ninguna reacción química a otras substancias. Dios siempre conserva el mismo resplandor hermoso. El oro de este mundo es demasiado suave, así que podemos hacer aleaciones con él; en el Cielo, el oro no es tan suave. Además el oro u otras piedras preciosas en el Cielo emiten diferentes colores y tienen consistencia diferente a la de las piedras preciosas que se hallan en la Tierra, porque reciben la luz de la gloria de Dios.

Incluso en la Tierra la belleza y valor de las piedras preciosas varían de acuerdo a las habilidades y técnicas del artesano. ¡Cuán preciosas y hermosas deben ser las piedras preciosas de la Nueva Jerusalén ya que son retocadas y talladas por Dios mismo!

No hay codicia o ambición por los hermosos y finos objetos que están en el Cielo. En la Tierra la gente tiende a amar las piedras preciosas por su exhuberancia y su vana fama, pero en el Cielo se aman las piedras preciosas espiritualmente porque se conoce el significado espiritual de cada una; estas comprenden el amor de Dios quien preparó y decoró el Cielo con hermosas piedras preciosas.

Dios hizo la Nueva Jerusalén con oro puro

¿Por qué Dios hizo la ciudad de la Nueva Jerusalén con oro puro que es limpio como el cristal? Como expliqué antes, el oro puro espiritualmente representa la fe, la esperanza que proviene de la fe, las riquezas, honores y la autoridad. 'La esperanza que proviene de la fe' significa que usted puede recibir salvación, tener esperanza por la Nueva Jerusalén, deshacerse de sus pecados, esforzarse por llegar a santificarse y anhelar las recompensas con esperanza ya que tiene fe en Dios.

Por lo tanto, Dios ha hecho esta ciudad con oro puro para que los que entran en ella con intensa y ferviente esperanza estén por siempre llenos de gratitud y felicidad.

Apocalipsis 21:18 nos dice que la Nueva Jerusalén es 'limpia como el vidrio'. Esto es para expresar cuán limpio y fino es el paisaje de la Nueva Jerusalén. El oro en el Cielo es limpio y puro como el vidrio, a diferencia del oro opaco que se encuentra en este mundo.

La Nueva Jerusalén es pura y delicada y sin ninguna mancha porque está hecha de oro puro. Por eso fue que el Apóstol Juan observó que la ciudad es 'de oro puro, semejante al vidrio limpio'.

Trate de imaginarse la ciudad de la Nueva Jerusalén hecha de oro puro y fino y muchas clases de hermosas piedras preciosas con muchos colores.

Después de aceptar al Señor, consideré el oro y las piedras

preciosas como piedras ordinarias y nunca tuve el deseo de obtenerlas. Estaba lleno de esperanza por el Cielo y no amaba las cosas de este mundo. Sin embargo, cuando oré para entender las cosas del Cielo, el Señor me dijo: *"En el Cielo todo está hecho de hermosas piedras preciosas y oro, tú deberías amar estas cosas"*. El Señor no quiso decir que yo debería empezar a coleccionar oro y piedras preciosas. Por el contrario, tenía que entender la Providencia de Dios y el significado espiritual de las piedras preciosas y amarlas de la forma en que Dios lo vio conveniente.

Le animo a amar *espiritualmente* el oro y las piedras preciosas. Cuando usted ve oro, puede pensar: "Debo tener una fe como el oro puro". Cuando ve otras piedras preciosas diversas, puede tener esperanza por el Cielo, diciendo: "¿Cuán hermosa será mi casa en el Cielo?"

Lo bendigo en el nombre del Señor para que, al obtener fe como oro puro y al avanzar hacia el Cielo, pueda poseer una casa celestial hecha de oro que nunca cambia y de majestuosas piedras preciosas.

Capítulo 5

El significado de los doce cimientos

"Y los cimientos del muro
de la ciudad estaban adornados con toda piedra preciosa.
El primer cimiento era jaspe; el segundo, zafiro;
el tercero, ágata; el cuarto, esmeralda;
el quinto, ónice; el sexto, cornalina;
el séptimo, crisólito; el octavo, berilo;
el noveno, topacio; el décimo, crisopraso;
el undécimo, jacinto; el duodécimo, amatista".

- Apocalipsis 21:19-20

El apóstol Juan escribió minuciosamente acerca de los doce cimientos; la razón de haber dado un reporte tan completo sobre la Nueva Jerusalén reside en que Dios anhela que Sus hijos posean vida eterna y fe verdadera al conocer los significados espirituales de los doce cimientos de la Nueva Jerusalén.

La pregunta es: ¿por qué hizo Dios los doce cimientos con piedras preciosas? La unión de las doce piedras preciosas representa el corazón de Jesucristo y Dios, la perfección del amor. Por ende, si usted comprende el significado espiritual de cada una de las doce piedras preciosas, podrá fácilmente distinguir cuánto se asemeja su corazón al de Jesucristo y cuán calificado está usted para entrar en la Nueva Jerusalén.

A continuación analizaremos cada una de las doce piedras preciosas y su significado espiritual.

Jaspe: fe espiritual

Jaspe, el primer cimiento de los muros de la Nueva Jerusalén, representa la fe espiritual. Por lo general la fe se divide en 'fe espiritual' y 'fe carnal'; la fe carnal es aquella que solo está llena de ciencia, mientras que la fe espiritual es la que está acompañada por obras que se originan en el fondo del corazón del individuo. Lo que Dios anhela no es una fe carnal sino una fe espiritual; si no tenemos fe espiritual, la 'fe' no estará acompañada por obras y por ende no se logrará complacer a Dios ni tampoco entrar a la Nueva Jerusalén.

La fe espiritual es la base de la vida cristiana

Al hablar de 'fe espiritual' nos referimos al tipo de fe con la que uno puede creer toda la Palabra de Dios en lo profundo del corazón. Si usted posee este tipo de fe seguida por obras, intentará santificarse y correr hacia la Nueva Jerusalén. La fe espiritual es el elemento más importante para llevar una vida cristiana adecuada y, sin fe, no podemos ser salvos ni recibir respuestas a nuestras oraciones ni tampoco tendremos esperanza por el Cielo.

Hebreos 11:6 nos recuerda: *"Pero sin fe es imposible agradar a Dios; porque es necesario que el que se acerca a Dios crea que le hay, y que es galardonador de los que le buscan".* Si usted tiene fe verdadera creerá en Dios, quien le recompensa y entonces podrá ser fiel, peleará contra el pecado para desecharlo y caminará en el camino angosto. Además podrá hacer lo bueno con fervor y entrará a la Nueva Jerusalén en pos del Espíritu Santo.

De este modo la fe se convierte en la base de la vida cristiana, y de manera semejante a un edificio que no se puede construir de modo seguro sin tener bases sólidas, tampoco se puede vivir una vida cristiana adecuada sin una fe sólida. Es por eso que en Judas 1:20-21 se expresa: *"Pero vosotros, amados, edificándoos sobre vuestra santísima fe, orando en el Espíritu Santo, conservaos en el amor de Dios, esperando la misericordia de nuestro Señor Jesucristo para vida eterna".*

Abraham, el padre de la fe

La mejor figura bíblica que creyó en la Palabra de Dios de manera inmutable y demostró obras de completa obediencia es Abraham, quien fue llamado 'Padre de la fe' porque constantemente expresó obras perfectas de fe.

A la edad de 75 años recibió una palabra de gran bendición de parte de Dios; era la promesa de que Dios establecería una gran nación por medio de Abraham y que él sería una fuente de bendición. Él creyó esta promesa y abandonó su lugar natal, pero por más de 20 años no pudo tener un hijo que se convirtiera en su heredero.

El lapso de tiempo que transcurrió fue tan largo que Abraham y su esposa Sara envejecieron mucho como para tener un hijo. Pero aun en medio de esta situación, Romanos 4:19-20 dice: *"Y no se debilitó en la fe al considerar su cuerpo, que estaba ya como muerto (siendo de casi cien años), o la esterilidad de la matriz de Sara. Tampoco dudó, por incredulidad, de la promesa de Dios, sino que se fortaleció en fe, dando gloria a Dios"*. Finalmente tuvo a su hijo, Isaac, a la edad de 100 años.

Pero hubo otra ocasión en la que la fe de Abraham hizo brillar su luz con mayor fulgor; fue cuando Dios ordenó a Abraham que ofreciera a su único hijo, Isaac, en sacrificio. Él no dudó de la Palabra de Dios que había prometido que le daría innumerables descendientes por medio de Isaac. Por el contrario, ya que tenía una fe muy firme en la promesa de Dios, pensó que Él haría volver a la vida a Isaac, incluso después de haberlo ofrecido en holocausto.

Esta es la razón por la que obedeció inmediatamente a la Palabra de Dios, y por medio de esto se hizo acreedor al título de 'Padre de la fe'. Además, por medio de los descendientes de Abraham se formó la nación de Israel, lo que significa que el fruto de su fe se produjo en abundancia también en lo natural.

Debido a que él creyó en Dios y Su Palabra, obedeció lo que se le pidió; este es un ejemplo de fe espiritual.

Pedro recibió las llaves del reino de los Cielos

Consideremos a un individuo que tenía este tipo de fe. ¿Qué fe era la del Apóstol Pedro que aun su nombre se inscribió sobre uno de los cimientos de la Nueva Jerusalén? Incluso antes de ser llamado como discípulo, sabemos que Pedro obedecía a Jesús. Por ejemplo: cuando Jesús le dijo que echara las redes para pescar, él obedeció de inmediato (Lucas 5:3-6). Asimismo, cuando Jesús le pidió que le llevara una asna y su pollino, él obedeció con fe (Mateo 21:1-7). De igual manera, él obedeció cuando Jesús le dijo que fuera al lago, que pescara un pez y que sacara de este una moneda (Mateo 17:27). Es más, Pedro caminó sobre el agua al igual que Jesús, aunque fue solo por un instante, pero así logramos tener la idea de que Pedro tenía una fe enorme.

En consecuencia, Jesús consideró la fe de Pedro como justa y le dio las llaves del reino de los Cielos para que cualquier cosa que atara en este mundo fuera atada en el Cielo, y cualquier cosa desatada en este mundo fuera desatada en el Cielo (Mateo 16:19). Pedro obtuvo una fe aun más perfecta después de recibir el Espíritu Santo; testificó valientemente de Jesucristo y se dedicó al reino de Dios por el resto de su vida hasta el momento que se convirtió en un mártir.

Nosotros debemos avanzar hacia el Cielo de la manera que lo hizo Pedro, glorificar a Dios y poseer la Nueva Jerusalén con la fe que le agrada a Él.

Zafiro: rectitud e integridad

Zafiro, el segundo cimiento del muro de la Nueva Jerusalén, emite un color azul transparente y oscuro. ¿Qué significa el zafiro en lo espiritual? Significa la rectitud e integridad de la verdad misma, la cual se levanta con firmeza ante cualquier tentación o tendencia de este mundo. El zafiro es una piedra preciosa que simboliza la luz de la verdad que puede permanecer inmutable, así como el 'corazón recto' que considera toda la voluntad de Dios como perfecta.

Daniel y sus tres amigos

Un buen ejemplo de rectitud e integridad en la Biblia reposa sobre Daniel y sus tres amigos llamados Sadrac, Mesac y Abednego. Daniel no se comprometió con nada que no estuviera en acuerdo con la justicia de Dios, ni siquiera si se trataba de una orden del rey. Daniel se aferró a su rectitud ante Dios incluso hasta el momento que fue lanzado al foso de los leones, y Dios se sintió muy contento con la integridad de la fe de Daniel, por lo que lo protegió enviando ángeles para que cerraran las bocas de los leones y así le permitió a Daniel glorificarlo en gran manera.

En Daniel 3:16-18 leemos que los tres amigos de Daniel también se asieron a la fe con su corazón recto incluso hasta el instante mismo de ser arrojados al horno de fuego ardiendo. A fin de no cometer el acto pecaminoso de adoración a ídolos, con valentía confesaron ante el rey lo siguiente:

"No es necesario que te respondamos sobre este asunto. He aquí nuestro Dios a quien servimos puede librarnos del horno de fuego ardiendo; y de tu mano, oh rey, nos librará. Y si no, sepas, oh rey, que no serviremos a tus dioses, ni tampoco adoraremos la estatua que has levantado".

Al final, aunque habían sido lanzados en el horno de fuego ardiente que se había calentado siete veces más de lo acostumbrado, Daniel y sus tres amigos no sufrieron ninguna quemadura en lo absoluto porque Dios estuvo con ellos. ¡Es sorprendente que ni aun el cabello de sus cabezas se había quemado y ni siquiera olor de fuego tenían! El rey que fue testigo de todo esto glorificó a Dios y promovió a los tres amigos de Daniel.

Debemos pedir con fe, sin ninguna duda

Santiago 1:6-8 nos habla sobre cuánto aborrece Dios los corazones que no son rectos:

> *"Pero pida con fe, no dudando nada; porque el que duda es semejante a la onda del mar, que es arrastrada por el viento y echada de una parte a otra. No piense, pues, quien tal haga, que recibirá cosa alguna del Señor. El hombre de doble ánimo es inconstante en todos sus caminos".*

Si nosotros no tenemos un corazón recto y dudamos de Dios, incluso un poco, entonces somos personas de 'doble ánimo'. Aquellos que dudan son propensos a ceder fácilmente a las tentaciones de este mundo porque son distraídos y astutos. Asimismo, las personas de doble ánimo no pueden ver la gloria de Dios porque son incapaces, tanto de demostrar su fe como de obedecer. Es por eso que se nos recuerda que este tipo de personas no deben esperar a recibir cosa alguna de parte del Señor.

Poco después de la fundación de mi iglesia, mis tres hijas casi murieron por causa de una intoxicación con monóxido de carbono. Sin embargo, yo no me preocupé en lo absoluto ni consideré la idea de llevarlas al hospital porque confié por completo en el Dios Todopoderoso. Simplemente acudí al santuario y poniéndome de rodillas di gracias en oración. Luego de esto oré con fe y dije: "¡Gas venenoso, en el nombre de Jesucristo, te ordeno que huyas!" Inmediatamente mis dos hijas que habían estado inconscientes se levantaron, una después de la otra, cuando oré por cada una de ellas. Un grupo de miembros de la iglesia que fueron testigos de esto estaban muy sorprendidos y llenos de gozo; todos glorificamos a Dios en gran manera.

Si tenemos una fe que no se compromete con este mundo y un corazón recto que es agradable ante Dios, podremos glorificar a Dios sin límites y llevar vidas bendecidas en Cristo.

Ágata: inocencia y amor sacrificial

El tercer cimiento de los muros de la Nueva Jerusalén, hecho de ágata, simboliza espiritualmente la inocencia y el amor sacrificial.

La inocencia es la condición de encontrarse limpio y reluciente en las acciones, así como el corazón que no tiene falta alguna. Cuando uno logra sacrificarse a sí mismo con este tipo de pureza de corazón, entonces se trata del corazón de espíritu representado por el ágata.

El amor sacrificial es un tipo de amor que nunca pide algo

a cambio si no es por la justicia y el reino de Dios. Si uno tiene amor sacrificial se sentirá satisfecho solo con el hecho de amar a los demás en medio de cualquier tipo de situación y no buscar nada a cambio. Esto se debe a que el amor espiritual no busca su beneficio propio sino solo el bien de los demás.

Por el contrario, con el amor carnal uno se sentirá vacío, triste y desconsolado si no es amado por los demás ya que este tipo de amor es egoísta en esencia. Por ende, un individuo con amor carnal pero sin un corazón sacrificial eventualmente puede llegar a odiar a los demás o convertirse en enemigo de aquellos con quienes solía tener proximidad.

Por lo tanto debemos comprender que el amor verdadero es el amor del Señor quien amó a toda la humanidad y llegó a ser un sacrificio expiatorio.

Amor sacrificial que no busca nada a cambio

Nuestro Señor Jesús, siendo Dios en Su naturaleza misma, se rebajó y humilló a Sí mismo y vino a este mundo en carne para salvar a toda la humanidad. Él nació en un establo y lo recostaron sobre un pesebre para salvar a las personas que son como animales y vivió pobre toda su vida para rescatarnos de la pobreza. Jesús sanó a los enfermos, fortaleció a los débiles, dio esperanza a los desesperados y se hizo amigo de los desamparados. Nos mostró solamente bondad y amor, pero por eso los malvados que no comprendían que Él había venido como nuestro Salvador se burlaron de él, lo azotaron y al final lo crucificaron y le pusieron una corona de espinas en Su cabeza.

Jesús, aun estando sufriendo el dolor de la crucifixión, oró con amor a Dios el Padre por aquellos que se burlaron de Él y lo crucificaron. Él estaba libre de culpa y sin mancha, pero se sacrificó a Sí mismo por los seres humanos que son pecadores. Nuestro Señor entregó este amor sacrificial a toda la humanidad y desea que todos se amen unos a otros. En consecuencia, nosotros, quienes hemos recibido este tipo de amor de parte del Señor, no debemos desear ni esperar nada a cambio si en realidad amamos a los demás.

Rut, una mujer que mostró amor sacrificial

Rut no era una mujer israelita sino moabita. Ella se casó con el hijo de Noemí, quien había llegado hasta la tierra de Moab para escapar de la hambruna en Israel.

Noemí tenía dos hijos que eran casados con mujeres moabitas, pero ambos murieron. Al verse en estas condiciones, Noemí deseó regresar a Israel ya que había escuchado que allá ya había terminado la hambruna y les sugirió a sus nueras que se quedaran en Moab, su tierra natal. Al principio una de ellas se negó, pero finalmente regresó con sus padres. Por el contrario, Rut insistió en ir con su suegra.

Si Rut no hubiera poseído amor espiritual, no podría haberlo hecho; ella debía apoyar a su suegra porque era una mujer de edad avanzada. Por otro lado, iba a vivir en un país completamente ajeno a ella y no había recompensa prometida a pesar de que servía bien a su suegra.

Rut mostró amor sacrificial hacia su suegra, una mujer con quien no tenía ningún parentesco de sangre y por lo tanto llegaba a ser como una completa desconocida. Pero esto ocurrió porque ella también creía en el Dios en quien creía su suegra, lo que significa que el amor sacrificial de Rut no provenía simplemente de su sentido de responsabilidad, sino que era amor espiritual que provenía de su fe en Dios.

Rut llegó a Israel con su suegra y trabajó muy duro; durante el día espigaba en los campos para obtener alimentos y servírselos a su suegra. Esta genuina obra de bondad naturalmente se hizo conocida entre la gente del lugar y al final Rut recibió muchas bendiciones por medio de Booz, quien fue el familiar que podía redimirla de entre los parientes de su suegra.

Muchas personas piensan que si se humillan y se sacrifican a sí mismos, su valor se verá disminuido, y por eso no pueden sacrificarse ni ser humildes. No obstante, aquellos que se sacrifican sin tener motivos egoístas, con un corazón puro, serán revelados ante Dios y la gente. La bondad y el amor brillarán para los demás a manera de luz espiritual. Dios compara la luz de este amor sacrificial con la luz del ágata, que es la piedra del tercer cimiento.

Esmeralda: Rectitud y pureza

La esmeralda que conforma el cuarto cimiento de los muros de la Nueva Jerusalén es verde y simboliza la belleza y el suave verdor de la naturaleza. En lo espiritual la esmeralda simboliza la rectitud y la pureza y representa el fruto de la luz mencionado en Efesios 5:9 (LBLA) que dice: *"...porque el fruto de la luz consiste en toda bondad, justicia y verdad"*. El color que encierra la armonía de 'toda bondad, justicia y verdad' es el mismo que la luz espiritual de la esmeralda. Solamente cuando tenemos toda la bondad, justicia y verdad podemos poseer la rectitud verdadera ante los ojos de Dios.

No se puede dar únicamente bondad sin rectitud o solo rectitud sin bondad; tanto la bondad como la rectitud deben ser veraces. La verdad es algo que nunca cambia, por ende, aunque tengamos bondad y rectitud, no significan nada sin la verdad.

La 'rectitud' que Dios acepta involucra actos tales como despojarse de los pecados, guardar por completo los mandamientos encontrados en la Biblia, purificarse a sí mismo de todo acto de injusticia, ser fiel en todo aspecto de la vida y así por el estilo. Además, actos como buscar el reino de Dios y Su justicia en pos de Su voluntad, el tener acciones rectas y disciplinadas, el no desviarse de la justicia y el pararse firmes ante lo que es correcto pertenecen a la 'rectitud' aceptada por Dios.

Sin importar cuán mansos y buenos seamos, no produciremos el fruto de la luz a menos que seamos rectos. Supongamos que una persona sujeta a su padre por el cuello y lo insulta a pesar de ser inocente. Si usted se mantiene callado y mira sufrir a su padre, no podríamos hablar de rectitud verdadera ni podríamos decir que usted ha cumplido su deber como hijo hacia su padre.

Por lo tanto, la bondad sin rectitud no es 'bondad espiritual' ante los ojos de Dios. ¿Cómo podría una mente astuta e indecisa ser buena? Por el contrario, la rectitud sin bondad no puede ser 'rectitud' ante los ojos de Dios sino solo ante nuestros propios ojos.

Rectitud y pureza de David

David era el segundo rey de Israel después de Saúl. Mientras Saúl era rey, Israel peleó contra los filisteos. David agradó a Dios con su fe y derrotó a Goliat y, por medio de esto, Israel obtuvo la victoria.

Luego de esto, cuando la gente elogió a David, Saúl trató de matarlo por causa de sus celos. Dios ya se había olvidado de Saúl debido a su arrogancia y desobediencia; Él prometió que haría de David el rey en lugar de Saúl.

En medio de todo esto, David trató a Saúl con bondad, rectitud y veracidad; a pesar de ser inocente, tuvo que huir de Saúl quien durante un largo tiempo intentó matarlo. En cierta ocasión, David tuvo una excelente oportunidad para matar a Saúl; los guerreros que estaban con él se alegraron mucho y deseaban matarlo, sin embargo, David los detuvo y no lo asesinaron.

En 1 Samuel 24:6 leemos: *"Y dijo a sus hombres: Jehová me guarde de hacer tal cosa contra mi señor, el ungido de Jehová, que yo extienda mi mano contra él; porque es el ungido de Jehová".*

A pesar de que ya Dios se había olvidado de Saúl, David no lo pudo lastimar porque Dios había ungido a Saúl como rey. Ya que la potestad de permitir que Saúl viviera o muriera le pertenecía a Dios, David no traspasó esta potestad y Dios dijo que su corazón era recto.

Su rectitud se reveló junto a su bondad conmovedora; Saúl

intentó matarlo, pero David perdonó la vida de Saúl. ¡Su bondad fue muy grande! Él no retribuyó la maldad con maldad, sino únicamente con buenas palabras y obras. Esta bondad y rectitud era veraz, lo que significa que provenía de la verdad misma.

Cuando Saúl se enteró de que David le había perdonado la vida, se conmovió por su bondad y parecía haber un cambio de corazón. No obstante, pronto cambió de parecer nuevamente y otra vez trató de matar a David quien tuvo por segunda vez una oportunidad de matar a Saúl, pero al igual que antes, le permitió vivir. David mostró bondad y rectitud inmutables que podían ser aceptadas por Dios.

Si David hubiera matado a Saúl en su primera oportunidad, ¿podría haberse convertido en rey más pronto y sin tener que pasar por tanto sufrimiento? ¡Por supuesto que sí! Aunque en realidad tengamos que atravesar más sufrimientos y dificultades, debemos tener el corazón que escoge la rectitud de Dios; si llegamos a ser reconocidos por Dios por nuestra rectitud, el nivel en que Él nos garantizará será diferente.

David no mató a Saúl con su propia mano, sino que murió en manos de los gentiles, y tal como Dios lo había dicho, David llegó a ser el rey de Israel. Además, después de que David llegó a ser el rey, pudo formar una nación fuerte, cuya razón fundamental fue que Dios se sentía muy complacido con el corazón justo y puro de David.

Del mismo modo, debemos tener armonía y perfección en la bondad, rectitud y verdad de modo que podamos producir el fruto abundante de la luz, el fruto de la esmeralda, el cuarto cimiento, y emitir la fragancia de la rectitud con la que se agrada a Dios.

Ónice: fidelidad espiritual

El quinto cimiento de los muros de la Nueva Jerusalén está conformado por ónice, el cual simboliza en lo espiritual la fidelidad. Si tan solo hacemos lo que debemos hacer, no podemos decir que somos fieles, mas podremos decir que lo somos cuando hagamos más de lo que se supone que debemos hacer. Para poder hacer más de lo que se nos ha encomendado como responsabilidades, no podemos ser perezosos sino diligentes y esforzados en el cumplimiento de todas las cosas y hacer aun más.

Supongamos que usted es un empleado. Si hace bien su trabajo, ¿podremos decir que es fiel? Tan solo hizo lo que se suponía que debía hacer, de modo que no podemos decir que usted es esforzado y fiel. Usted no solo debe cumplir el trabajo que se le ha encomendado, sino que debe también tratar de hacer cosas que en realidad no se le han delegado, haciéndolas con su mente y corazón. Solo así se podrá decir que uno es fiel.

El tipo de fidelidad esforzada que es aceptada por Dios implica cumplir con nuestras responsabilidades con todo el corazón, mente, alma y vida. Este tipo de fidelidad tiene que desarrollarse en todas las áreas: iglesia, trabajo y familia; solo así podremos decir que usted es una persona fiel 'en toda la casa de Dios'.

Ser fiel espiritualmente

Para ser fiel en lo espiritual, primeramente debemos tener un corazón recto. Debemos desear que el reino de Dios sea engrandecido, que la iglesia viva un avivamiento y crecimiento, que el lugar de trabajo sea próspero y que nuestras familias sean felices. Si no buscamos tan solo nuestro beneficio, sino que deseamos que los demás y la comunidad sean prósperos, entonces hablamos de un corazón recto.

Para ser fieles, además de tener un corazón recto, debemos tener un corazón sacrificial. Si solo pensamos que 'lo más importante es nuestra prosperidad, ya sea que la iglesia crezca o no', entonces probablemente no nos sacrifiquemos por la iglesia. No podremos hallar fidelidad en este tipo de persona. Asimismo, Dios no podrá decir que este tipo de corazón es recto.

Además de esta rectitud, si tenemos también un corazón sacrificial, trabajaremos fielmente por la salvación de las almas y por la iglesia. Aunque no tengamos una responsabilidad específica, predicaremos el evangelio con diligencia, y aunque nadie nos pida que lo hagamos, cuidaremos de las demás almas. Sacrificaremos nuestro tiempo de descanso para cuidarlas e incluso invertiremos nuestro propio dinero por el beneficio de las almas, dándoles además todo nuestro amor y fidelidad.

Para que esta fidelidad se convierta en 'fidelidad en toda la casa de Dios' también debemos tener bondad de corazón. Los que son buenos de corazón no se inclinan hacia un lado u el otro. Si han descuidado algún aspecto, no se sentirán cómodos al respecto por causa de la bondad de su corazón. Si usted tiene bondad de corazón, será fiel en todas sus responsabilidades; no ignorará a los miembros de otro grupo pensando: "Ya que soy el líder de este grupo, los miembros de aquel grupo entenderán por qué no puedo asistir a esa reunión". En su bondad sentirá que no debe ignorar a los del otro grupo, así que, aunque usted no logre estar presente en la otra reunión, hará algo y se interesará por ellos.

La magnitud de este tipo de actitud será diferente de acuerdo a la extensión de la bondad que se tiene; si se tiene poca bondad, en realidad no podremos interesarnos mucho en el otro grupo. Pero si se tiene mayor bondad, no se la ignorará simplemente cuando algo cause incomodidad al corazón. Usted sabe cuáles son los actos de bondad, y si no está alcanzando esta bondad, será difícil producirla. Tendrá paz únicamente cuando muestre obras buenas en actos de bondad.

Las personas que tienen un buen corazón pronto sentirán incomodidad si no hacen lo que deben hacer ante una situación dada, ya sea en el trabajo o en el hogar, ni tampoco presentarán la excusa de que la situación no les permitió hacer lo debido.

Por ejemplo: supongamos que existe una hermana de la iglesia que tiene muchas posiciones, por lo que invierte mucho tiempo en la iglesia. Hablando de manera relativa, ella invierte menos tiempo con su esposo e hijos de lo que lo hacía anteriormente.

Si ella en realidad tiene un corazón bueno y si es fiel en toda la casa de Dios, ya que el tiempo con su familia ha disminuido, debe proporcionar más amor y cuidado para su esposo e hijos.

Ella debe esforzarse al máximo en todos los aspectos y en todo tipo de obras.

Entonces las personas a su alrededor podrán sentir el aroma fructífero de su corazón y serán saciados; por causa de la bondad y el amor verdadero que sienten, tratarán de entenderla y ayudarla. En consecuencia, ella tendrá paz con todos. ¡Esto es ser fiel en la casa de Dios con un buen corazón!

Al igual que Moisés quien fue fiel en toda la casa de Dios

Moisés fue un profeta reconocido por Dios al punto que Él le habló cara a cara. Moisés llevó a cabo todas sus responsabilidades por completo a fin de cumplir con las cosas que Dios le había encomendado, sin pensar mucho en sus propias adversidades. El pueblo de Israel se mantuvo quejándose y desobedeciendo cuando enfrentaron un poco de dificultades, incluso después de haber sido testigos y de haber experimentado maravillas y señales de Dios. Sin embargo, Moisés continuamente los guió con fe y amor. Incluso cuando Dios se enojó con el pueblo de Israel por causa de sus pecados, Moisés no se alejó de ellos, sino que acudió al Señor y dijo lo siguiente:

"Entonces volvió Moisés a Jehová, y dijo: Te ruego, pues este pueblo ha cometido un gran pecado, porque se hicieron dioses de oro, que perdones ahora su pecado, y si no, ráeme ahora de tu libro que has escrito" (Éxodo 32:31-32).

Él ayunó en lugar del pueblo, arriesgando su propia vida, y fue fiel más de lo que Dios esperaba que lo fuera. Es por eso que Dios lo aceptó y aseguró diciendo: *"No así a mi siervo Moisés, que es fiel en toda mi casa"* (Números 12:7).

Por otro lado, la fidelidad del ónice simboliza el hecho de ser fiel incluso al punto de muerte, tal como está escrito en Apocalipsis 2:10. Esto se hace posible solamente si amamos a Dios primero, además, implica el dar todo nuestro tiempo, dinero e incluso la vida y hacer con todo nuestro corazón y mente aun más de lo que se nos ha encomendado.

En épocas antiguas existieron criados leales que servían al rey y fueron fieles a su nación, incluso al punto de sacrificar sus propias vidas. Si es que el rey era un tirano, los criados leales aconsejaban al rey que se mantuviera en el camino correcto, aunque esto podía resultar en el sacrificio de sus propias vidas; podían ser exiliados o ejecutados, pero eran leales porque amaban al rey y a su nación aunque ese amor reclamara sus vidas.

Nosotros debemos amar a Dios primero para poder hacer más de lo que se nos pide, al igual que aquellos criados leales que dieron sus vidas por su nación y al igual que Moisés quien fue fiel en toda la casa de Dios para llevar a cabo el reino de Dios y Su justicia. De este modo debemos santificarnos a nosotros mismos con rapidez y ser fieles en todos los aspectos de nuestras vidas para poder cumplir los requerimientos para entrar en la Nueva Jerusalén.

Cornalina: amor ferviente

La cornalina tiene un color oscuro transparente y simboliza el sol ardiente. Forma el sexto cimiento de los muros de la Nueva Jerusalén y en lo espiritual simboliza pasión, entusiasmo y amor ferviente en el cumplimiento del reino y la justicia de Dios. Es el sentimiento de realizar las tareas y deberes encomendados con fidelidad y con todas nuestras fuerzas.

Diferentes niveles de amor ferviente

Existen muchos niveles de amor y por lo general se lo puede clasificar en amor espiritual y amor carnal. El amor espiritual nunca cambia porque es otorgado por Dios, pero el amor carnal cambia de modo muy fácil, especialmente debido a que es muy egoísta.

No importa cuán verdadero sea el amor de la gente del mundo, este jamás podrá ser amor espiritual, el mismo que es el amor del Señor que solo se puede adquirir en la verdad. Además no podemos tener amor espiritual al momento que entramos en la verdad, pues solo lo podremos obtener una vez que nuestro corazón se asemeje al del Señor.

¿Tiene usted este amor espiritual? Puede examinarse a sí mismo en base a la definición del amor espiritual que se encuentra en 1 Corintios 13:4-7.

"El amor es sufrido, es benigno; el amor no tiene envidia, el amor no es jactancioso, no se envanece; no

hace nada indebido, no busca lo suyo, no se irrita, no guarda rencor; no se goza de la injusticia, mas se goza de la verdad. Todo lo sufre, todo lo cree, todo lo espera, todo lo soporta".

Por ejemplo: si somos pacientes pero también egoístas, o si no nos enojamos con facilidad pero somos groseros, entonces no hemos alcanzado aún el amor espiritual del cual escribe Pablo; no nos debe faltar ninguna de estas cosas para que podamos tener amor espiritual.

Por otro lado, si usted todavía tiene un sentimiento de soledad o vacío aunque piensa que tiene amor espiritual, se debe a que ha querido recibir algo a cambio sin darse cuenta de ello. Su corazón aún no ha sido lleno por completo con la verdad del amor espiritual.

Además, si usted es lleno del amor espiritual, jamás se sentirá solo o vacío, sino que estará siempre alegre, feliz y agradecido. El amor espiritual se regocija en dar: mientras más da, será más alegre, agradecido y feliz.

El amor espiritual se regocija al dar de sí mismo

Romanos 5:8 nos dice: *"Mas Dios muestra su amor para con nosotros, en que siendo aún pecadores, Cristo murió por nosotros".*

Dios ama mucho a Jesús, Su Hijo unigénito, porque Él es la verdad en sí que refleja con precisión a Dios mismo. Sin embargo, entregó a Su Hijo unigénito como sacrificio expiatorio. ¡Cuán grande y precioso es el amor de Dios!

Dios demostró Su amor por nosotros al sacrificar a Su Hijo unigénito. Es por esto que en 1 Juan 4:16 leemos: *"Y nosotros hemos conocido y creído el amor que Dios tiene para con nosotros. Dios es amor; y el que permanece en amor, permanece en Dios, y Dios en él"*.

Para poder entrar a la Nueva Jerusalén debemos tener el amor de Dios con el que podemos sacrificarnos a nosotros mismos; el amor que se regocija al dar para que podamos producir la evidencia que testifica de nuestra vida en Dios.

El amor ferviente del apóstol Pablo por las almas

El personaje bíblico que tiene este tipo de corazón ferviente como la cornalina para dedicarse totalmente al reino de Dios es el Apóstol Pablo. Desde el instante que conoció al Señor hasta el momento de su muerte, sus obras de amor por el Señor jamás cambiaron. En calidad de apóstol para los gentiles, él llevó a la salvación a muchas almas y estableció muchas iglesias por medio de sus tres viajes misioneros. Él testificó constantemente acerca de Jesucristo hasta el día que murió como mártir en Roma.

Siendo apóstol de los gentiles, el camino de Pablo fue muy difícil y arriesgado; enfrentó muchas situaciones que amenazaron con su vida y persecuciones constantes por parte de los judíos. Fue golpeado y encarcelado, y fue náufrago tres veces. Él no dormía y a menudo sentía hambre y sed mientras soportaba también climas fríos y calientes. Durante sus viajes misioneros hubo siempre muchas situaciones que al hombre se le hace difícil soportar.

Sin embargo, Pablo jamás se arrepintió de su elección; nunca tuvo pensamientos momentáneos como: "Esto es muy difícil y quiero descansar, aunque sea por un momento...". Su corazón nunca se dejó influenciar y jamás le temió a nada. A pesar de que enfrentaba muchos problemas, su preocupación principal era únicamente la iglesia y los creyentes, tal como lo confesó en 2 Corintios 11:28-29 que dice: *"Y además de otras cosas, lo que sobre mí se agolpa cada día, la preocupación por todas las iglesias. ¿Quién enferma, y yo no enfermo? ¿A quién se le hace tropezar, y yo no me indigno?"*

Hasta que finalmente entregó su vida, Pablo mostró pasión y fervor en sus esfuerzos por la salvación de las almas. En Romanos 9:3 podemos ver cuán ferviente fue su deseo por la salvación de las almas. Dice: *"Porque deseara yo mismo ser anatema, separado de Cristo, por amor a mis hermanos, los que son mis parientes según la carne"*.

Los 'hermanos' a los que se refiere aquí no son solo sus parientes de sangre, sino que se refiere a los israelitas, incluyendo los judíos que lo perseguían. Él dijo que podría incluso escoger el ir al Infierno si así ellos recibían salvación. Vemos entonces cuán grande fue su amor ferviente por las almas, así como por su salvación.

Este amor ferviente por el Señor, el fervor y el esfuerzo por la salvación de los demás se representa con el color rojo de la cornalina.

Crisólito: misericordia

El crisólito que forma el séptimo cimiento de los muros de la Nueva Jerusalén es una piedra preciosa transparente o semitransparente que emite un color amarillo, verde, azul, rosa o que a veces parece completamente transparente.

¿Qué simboliza el crisólito en lo espiritual? El significado espiritual de la misericordia implica comprender en la verdad a alguien que no puede ser comprendido en lo absoluto y perdonar en la verdad a alguien a quien no se puede perdonar en lo absoluto. Comprender y perdonar 'en la verdad' es comprender y perdonar con amor en la bondad. La misericordia con la que podemos abrazar a los demás con amor es la misericordia que representa el crisólito. Aquellos que tienen este tipo de misericordia no tienen ningún prejuicio; no piensan: "No me agrada tal persona por esto o aquello". No sienten agrado o desagrado por las personas y por supuesto, no tienen enemistades en lo absoluto.

Ellos intentan mirar y pensar en todo de manera hermosa y sencillamente abrazan a toda persona. Así que, aunque se encuentren frente a alguien que ha cometido un grave pecado, simplemente demuestran compasión; odian el pecado, pero no al pecador. Más bien lo comprenden y abrazan... ¡esto es misericordia!

El corazón de misericordia revelado a través de Jesús y Esteban

Jesús mostró Su misericordia a Judas Iscariote, aquel que lo iba a entregar. Aunque Jesús sabía desde el principio que Judas Iscariote lo traicionaría, no lo excluyó ni mantuvo la distancia con él. Tampoco sintió desagrado ni lo aborreció en Su corazón, sino que lo amó hasta el último momento y le dio oportunidades para que cambiara. ¡Este es un corazón misericordioso!

Incluso cuando estaban clavando a Jesús sobre la cruz, Él no se quejó ni odió a nadie sino que, por el contrario, intercedió por aquellos que le causaron dolor y que lo lastimaron, tal como está escrito en Lucas 23:34 que dice: *"Y Jesús decía: Padre, perdónalos, porque no saben lo que hacen"*.

Esteban también tuvo este tipo de misericordia. Aunque él no fue un apóstol, estuvo lleno de gracia y poder, por lo que la gente malvada finalmente lo apedreó hasta darle muerte. Sin embargo, aun en el momento en que lo estaban apedreando, él oró por aquellos que lo asesinaban. Esto está escrito en Hechos 7:60 que dice: *"Y puesto de rodillas, clamó a gran voz: Señor, no les tomes en cuenta este pecado. Y habiendo dicho esto, durmió"*.

El hecho de que Estaban haya intercedido por aquellos que lo estaban matando prueba que él ya los había perdonado; no tenía odio alguno contra ellos, lo que demuestra que él tenía el fruto perfecto de la misericordia para tener compasión de aquellas personas.

Si entre los miembros de su familia, hermanos en la fe o colegas en el trabajo hay alguien a quien usted aborrece o que no es de su agrado, o si alguien de quien piensa que su actitud es desagradable, que siempre está en su contra o que no simplemente no es de su agrado y prefiere mantenerse alejado por varias razones, ¿cuán alejado estará de la 'misericordia'?

No debemos sentir desagrado ni odio por ninguna persona. Al contrario, debemos lograr comprender, aceptar y demostrar bondad a todos.

Dios el Padre nos muestra la hermosa misericordia con la piedra preciosa del crisólito.

Un corazón misericordioso que lo abarca todo

¿Cuál es la diferencia entre el amor y la misericordia?

El amor espiritual implica el sacrificio de uno mismo sin buscar ningún interés o beneficio personal y sin desear nada a cambio, mientras que la misericordia aplica mayor peso sobre el perdón y la tolerancia. En otras palabras, la misericordia es el corazón que comprende y no odia ni siquiera a aquellos que no se puede comprender o amar. La misericordia no odia ni desprecia a nadie sino que fortalece y consuela a los demás. Si usted tiene este tipo de corazón cálido, no señalará las faltas y errores de los demás sino que los abrazará a fin de tener una buena relación con ellos.

¿De qué manera debemos actuar respecto a la gente malvada? Debemos recordar que alguna vez nosotros también fuimos malos, pero llegamos a Dios gracias a que alguien nos guió hacia la verdad en amor y al perdón.

Asimismo, cuando llegamos a tener contacto con personas mentirosas, a menudo olvidamos que nosotros también solíamos mentir en búsqueda de nuestro beneficio propio antes de llegar a creer en Dios. En lugar de evitar a este tipo de personas, debemos mostrar misericordia para que puedan alejarse de sus malos caminos. Solo cuando los comprendamos y guiemos con tolerancia y amor, ellos podrán cambiar y sumergirse en la verdad hasta que entiendan la verdad. De igual manera, misericordia es el acto de tratar a todos por igual sin prejuicios, sin ofender a nadie y tratando de entenderlo todo de buena manera, ya sea que nos agrade o no.

Berilo: Paciencia

El berilo que conforma el octavo cimiento de los muros de la Nueva Jerusalén es de color azul o verde oscuro y nos recuerda al mar azul. ¿Qué simboliza el berilo en lo espiritual? Simboliza la paciencia en todo respecto al cumplimiento del reino de Dios y Su justicia. El berilo es sinónimo de la perseverancia en el amor, incluso para aquellos que lo persiguen, maldicen u odian, y es también el hecho de no odiar, no discutir ni pelear contra ellos.

Santiago 5:10 nos anima de la siguiente manera: *"Hermanos míos, tomad como ejemplo de aflicción y de paciencia a los profetas que hablaron en nombre del Señor"*. Podemos cambiar a los demás cuando somos pacientes con ellos.

La paciencia como fruto del Espíritu Santo y como amor espiritual

En Gálatas 5 podemos leer acerca de la paciencia como uno de los nueve frutos del Espíritu Santo, y en 1 Corintios 13 como fruto del amor. ¿Hay alguna diferencia entre la paciencia como fruto del Espíritu Santo y como fruto del amor?

Por un lado, la paciencia en el amor se refiere a la paciencia requerida para soportar cualquier tipo de lucha, como por ejemplo el ser paciente con aquellos que lo insultan o los muchos tipos de pruebas que se encuentran en la vida. Por otro lado, la paciencia como fruto del Espíritu Santo se refiere a paciencia en verdad y paciencia ante Dios para 'todo'.

Por lo tanto, la paciencia como un fruto del Espíritu Santo tiene un significado más amplio, incluyendo paciencia respecto a asuntos personales y asuntos relacionados con el reino de Dios y Su justicia.

Diferentes tipos de paciencia en la verdad

La paciencia para cumplir con el reino y la justicia de Dios se puede categorizar en tres tipos.

Primero: paciencia entre Dios y nosotros.

Debemos ser pacientes hasta que se cumpla la promesa de Dios; Dios el Padre es fiel, una vez que Él ha hablado, ciertamente lo hará sin dar vuelta atrás. De este modo, si hemos recibido una promesa de parte de Dios, debemos ser pacientes hasta cuando se cumpla.

Asimismo, si hemos pedido algo a Dios, debemos ser pacientes hasta que llegue la respuesta. Algunos creyentes dicen lo siguiente: "Hago vigilia de oración e incluso ayuno, aun así no hay respuesta". Esto es semejante a un granjero que siembra una semilla y pronto vuelve a labrar la tierra porque no hay fruto inmediato. Si hemos sembrado la semilla, debemos ser pacientes hasta que brote, crezca, florezca y luego produzca fruto.

Un granjero saca las malas hierbas y protege los sembríos de los insectos dañinos; hace mucho trabajo, con mucho esfuerzo, para obtener el fruto. Del mismo modo, para recibir la respuesta a lo que hemos pedido en oración, hay ciertas cosas que debemos hacer. Debemos cumplir con la medida adecuada de acuerdo a la medida de los siete Espíritus: fe, gozo, oración, gratitud, fidelidad esforzada, guardar los mandamientos y amor.

Dios nos responde inmediatamente solo si llenamos las cantidades requeridas de acuerdo a las medidas de nuestra fe. Debemos entender que el tiempo de paciencia con Dios es el tiempo para recibir una respuesta más perfecta, para poder regocijarnos y dar aun más gracias.

Segundo: paciencia con los hombres.

La paciencia del amor espiritual corresponde a la paciencia de este tipo. Para amar a cualquier persona en todo tipo de relaciones humanas necesitamos paciencia.

Necesitamos paciencia para creer en cualquier tipo de persona, soportar con ella y esperar que sea prosperada. Aunque haga algo que es contrario a lo que nosotros esperamos, debemos ser pacientes en todas las cosas. Debemos entender, aceptar, perdonar, doblegarnos y ser pacientes.

Es probable que aquellos que intentan evangelizar a muchas personas experimenten el ser maldecidos y perseguidos, pero si tienen paciencia en el corazón visitarán nuevamente a esas almas con una sonrisa en sus rostros. Con amor por salvar a aquellas almas, se regocijarán y darán gracias, y jamás se darán por vencidos. Al mostrar este tipo de paciencia con bondad y amor por una persona que está siendo evangelizada, las tinieblas huirán de la persona por causa de la luz y la persona podrá abrir su corazón, aceptar y recibir la salvación.

Tercero: paciencia para transformar el corazón.

Transformar nuestro corazón es sacar la falsedad y maldad que hay en él y plantar verdad y bondad; es similar al acto de limpieza de la tierra. Debemos eliminar las rocas y sacar las malas hierbas. A veces debemos arar la tierra para que pueda suavizarse y ser buena, y entonces todo lo que sembremos crecerá y dará fruto.

Lo mismo sucede con el corazón del hombre. En la medida en que encontramos maldad en el corazón y la desechamos, podemos tener una buena tierra en el corazón. Entonces, cuando se siembre la palabra de Dios, esta podrá brotar, crecer y producir fruto. Y así como debemos esforzarnos y trabajar mucho para limpiar la tierra, debemos también hacer lo mismo cuando transformamos nuestro corazón. Debemos clamar fervientemente en oración con todas nuestras fuerzas y nuestro corazón para entonces recibir el poder del Espíritu Santo para arar el corazón carnal que es semejante a tierra infértil.

Este proceso no es tan fácil como uno quizás piense que es, y por esto algunas personas se sienten cargadas, desanimadas o caen en desesperación. Por lo tanto, necesitamos paciencia. Aunque parezca que estamos cambiando de manera muy lenta, jamás debemos desilusionarnos o darnos por vencidos.

Debemos recordar el amor del Señor que ha muerto en la cruz

por nosotros, recibir nuevas fuerzas y seguir cultivando la tierra del corazón. Además debemos poner nuestra mirada en el amor y las bendiciones que Dios nos dará cuando cultivemos nuestro corazón por completo, y también debemos seguir trabajando con mayor gratitud.

Si no tuviéramos maldad en nosotros, el término 'paciencia' no sería necesario. De la misma manera, si tan solo tuviéramos amor, perdón y comprensión no habría lugar para la 'paciencia'. Por ende, Dios quiere que tengamos este tipo de paciencia en la que la palabra 'paciencia' no es necesaria. De hecho, Dios quien es bondad y amor en Sí, no necesita ser paciente. Sin embargo, Él nos dice que es 'paciente' para con nosotros para ayudarnos a entender el concepto de 'paciencia'. Debemos darnos cuenta que mientras más atributos tenemos a fin de ser pacientes bajo ciertas circunstancias, más maldad en el corazón tenemos ante los ojos de Dios.

Si no hay nada con lo que debamos ser pacientes una vez alcanzado el fruto perfecto de la paciencia, seremos siempre felices, escucharemos únicamente buenas noticias en todo lugar y sentiremos nuestro corazón tan ligero que nos parecerá que caminamos sobre nubes.

Topacio: bondad espiritual

El noveno cimiento de los muros de la Nueva Jerusalén está formado por topacio, una piedra de un color transparente, matizado y rojizo anaranjado. El corazón espiritual simbolizado por el topacio implica la bondad espiritual. La bondad es la cualidad de ser amable, servicial y honesto. Sin embargo, el significado espiritual de la bondad es mucho más profundo.

Entre los nueve frutos del Espíritu Santo está también la bondad, y tiene el mismo significado de la bondad del topacio. El significado espiritual de la bondad es la búsqueda de la bondad dentro del Espíritu Santo.

Cada persona tiene un estándar para juzgar entre lo correcto e incorrecto, o entre lo bueno y lo malo; este estándar se llama 'consciencia'. El concepto de la consciencia defiere según las diversas épocas, países y pueblos. El estándar para medir la magnitud de la bondad espiritual es solamente uno: la Palabra de Dios, la Verdad. Por ende, buscar la verdad desde nuestra perspectiva no es bondad espiritual. Buscar la bondad a los ojos de Dios, eso es bondad espiritual.

En Mateo 12:35 leemos: *"El hombre bueno, del buen tesoro del corazón saca buenas cosas"*. Asimismo, aquellos que tienen bondad espiritual en ellos, de manera natural harán surgir esa bondad. A cualquier lugar al que vayan y frente a cualquier persona que conozcan, buenas palabras y buenas obras surgirán de ellos.

Al igual que el buen aroma de quienes se rocían un perfume, el aroma de la bondad surgirá de aquellos que tienen bondad. Es decir, emanan el aroma de la bondad de Cristo. Por ende, al solo hecho de buscar la bondad en el corazón no se lo puede llamar bondad. Si tenemos el corazón que busca la bondad, entonces de manera natural emanaremos el aroma de Cristo con buenas palabras y obras. De este modo mostraremos virtud moral y amor a la gente a nuestro alrededor. Ésta es la bondad en un verdadero sentido espiritual.

El estándar para medir la bondad espiritual

Dios es bueno y la bondad está mencionada en toda la Biblia, la Palabra de Dios. Hay también en la Biblia algunos versos que emiten de manera específica los colores del topacio, es decir los colores de la bondad espiritual.

Primero lo encontramos en Filipenses 2:1-4 que dice: *"Por tanto, si hay alguna consolación en Cristo, si algún consuelo de amor, si alguna comunión del Espíritu, si algún afecto entrañable, si alguna misericordia, completad mi gozo, sintiendo lo mismo, teniendo el mismo amor, unánimes, sintiendo una misma cosa. Nada hagáis por contienda o por vanagloria; antes bien con humildad, estimando cada uno a los demás como superiores a él mismo; no mirando cada uno por lo suyo propio, sino cada cual también por lo de los otros".*

Aunque algo no esté correcto de acuerdo a nuestros pensamientos y nuestro carácter, si buscamos la bondad en el Señor nos uniremos a los demás y estaremos de acuerdo con sus opiniones. No contenderemos por nada, no tendremos deseos de presumir de nosotros mismos ni de ser elogiados por los demás sino que, con corazón humilde y desde el fondo del corazón, consideraremos a los demás superiores a nosotros mismos.

Haremos nuestro trabajo con fidelidad y de la mejor manera responsable e incluso podremos ayudar a los demás en su trabajo.

En base a la parábola del Buen Samaritano escrita en Lucas 10:25-37, podemos identificar con facilidad qué tipo de persona tiene bondad en su corazón.

"Respondiendo Jesús, dijo: Un hombre descendía de Jerusalén a Jericó, y cayó en manos de ladrones, los cuales le despojaron; e hiriéndole, se fueron, dejándole medio muerto. Aconteció que descendió un sacerdote por aquel camino, y viéndole, pasó de largo. Asimismo un levita, llegando cerca de aquel lugar, y viéndole, pasó de largo. Pero un samaritano, que iba de camino, vino cerca de él, y viéndole, fue movido a misericordia; y acercándose, vendó sus heridas, echándoles aceite y vino; y poniéndole en su cabalgadura, lo llevó al mesón, y cuidó de él. Otro día al partir, sacó dos denarios, y los dio al mesonero, y le dijo: Cuídamele; y todo lo que gastes de más, yo te lo pagaré cuando regrese. ¿Quién, pues, de estos tres te parece que fue el prójimo del que cayó en manos de los ladrones?" (Lucas 10:30-36).

Entre el sacerdote, el levita y el samaritano, ¿quién es un buen prójimo y una persona amorosa? El samaritano logró ser el verdadero prójimo del hombre asaltado porque tuvo bondad en su corazón para escoger el camino correcto, a pesar de ser considerado un gentil.

Este samaritano quizás no conocía la Palabra de Dios muy bien, pero podemos ver que tenía un corazón que iba en pos de la bondad. Esto significa que tenía la bondad espiritual seguida de la bondad a los ojos de Dios. Aunque debemos invertir nuestro propio tiempo y dinero, debemos escoger la bondad a los ojos de Dios porque esta es la bondad espiritual.

La bondad de Jesús

Otro verso de la Biblia que emana la luz de la bondad con mayor brillo es Mateo 12:19-20 el cual concierne a la bondad de Jesús. Dice así:

"No contenderá, ni voceará, ni nadie oirá en las calles su voz. La caña cascada no quebrará, y el pábilo que humea no apagará, hasta que saque a victoria el juicio".

La frase 'hasta que saque a victoria el juicio' enfatiza el hecho de que Jesús actuó únicamente con un buen corazón durante el proceso de crucifixión y resurrección, dándonos la victoria con Su gracia de salvación.

Ya que Jesús tenía bondad espiritual, Él jamás ofendió ni contendió con nadie; aceptó todo con sabiduría de la bondad espiritual y palabras de verdad incluso cuando se encontraba ante situaciones difíciles y aparentemente inaceptables. Además, Jesús no confrontó a aquellos que intentaron matarlo ni trató de explicar o probar Su inocencia. Él dejó todo ante Dios y lo cumplió todo con Su sabiduría y verdad en la bondad espiritual.

La bondad espiritual implica el corazón que 'no debe quebrar la caña cascada ni apagar el pábilo que humea'. Esta definición abarca los puntos referenciales representativos de la bondad. Aquellos que tienen bondad no gritan ni contienden con nadie y mostrarán su bondad también en su apariencia. Tal como está escrito, 'nadie escuchará en las calles su voz'; los que tienen bondad mostrarán en lo externo su bondad y humildad. ¡Cuán intachables y perfectos habrán sido los hábitos de Jesús en su manera de caminar, sus gestos y su lenguaje! En Proverbios 22:11 leemos: *"El que ama la limpieza de corazón, por la gracia de sus labios tendrá la amistad del rey"*.

En primer lugar, la 'caña cascada' representa a aquellos que han sufrido muchas cosas de este mundo y sus corazones están lastimados. Aunque busquen a Dios con un corazón pobre, Él no se olvidará de ellos, sino que los aceptará. Este corazón de Dios y este corazón de Jesús representan la máxima bondad.

Luego tenemos el corazón que es semejante a aquel que no apaga el pábilo que humea. Si el pábilo está humeando, significa que el fuego se está apagando, pero hay aún una llama encendida. En este sentido, 'un pábilo que humea' es una persona que está tan manchada con la maldad que la luz de su espíritu está 'humeando'. No debemos darnos por vencidos, incluso con este tipo de persona, si es que tiene aun la mínima posibilidad de recibir salvación. ¡Esto es bondad!

Nuestro Señor no se da por vencido ni siquiera respecto a

las personas que viven en pecado y se levantan contra de Dios; Él sigue llamando a la puerta de su corazón para permitirles que alcancen la salvación. Este corazón de nuestro Señor representa la bondad.

Hay personas que son como cañas cascadas y pábilos que humean en la fe. Cuando caen en tentación por causa de su fe débil, algunos no tienen las fuerzas para regresar a la iglesia por sí mismos. Quizás por las cosas de la carne de las que aún no se han despojado, han causado daños a otros miembros de la iglesia. Ya que se sienten preocupados y avergonzados por ello, sienten que no pueden regresar a la iglesia.

Por lo tanto, debemos acercarnos a ellos primero. Debemos extenderles nuestras manos y tomar las suyas; ¡esto es bondad! Asimismo, hay personas que han estado primero en la fe, pero luego se quedan detrás en el espíritu. Algunos también se tornan semejantes a 'pábilos que humean'.

Algunos desean ser amados y reconocidos por los demás, pero no ocurre así, por lo que se sienten desilusionados y la maldad en su ser empieza a salir. Quizás sientan celos de aquellos que están a la delantera en el espíritu, y quizás incluso los calumnien. Esto es semejante al pábilo que humea, que emite su humo y vapor.

Si tenemos bondad verdadera, también podremos comprender y aceptar a estas personas. Si intentamos discutir lo que es correcto e incorrecto y hacer que los demás se sometan, eso no es bondad. Debemos tratarlos bien, con veracidad y amor, incluso a aquellos que muestran maldad. Debemos conmover y motivar sus corazones; al hacer esto, estaremos actuando con bondad.

Crisopraso: dominio propio

El crisopraso que forma el décimo cimiento de los muros de la Nueva Jerusalén es el más costoso entre las calcedonias. Es de color verde oscuro, semitransparente, y una de las piedras preciosas que las mujeres coreanas solían considerar como muy valiosas en tiempos antiguos ya que para ellas simbolizaba la castidad y pureza de la mujer.

¿Qué simboliza el crisopraso en lo espiritual? Simboliza el dominio propio. Al estar en Dios, es bueno tener abundancia en todo, pero debe haber dominio propio para hacer de todo algo más hermoso. El dominio propio es uno de los nueve frutos del Espíritu Santo.

Dominio propio para alcanzar la perfección

Tito 1:7-9 habla acerca de los requisitos para los obispos de la iglesia, y uno de los requisitos es el dominio propio. Si una persona que no tiene dominio propio se convierte en obispo, ¿que podrá alcanzar en su vida sin control?

En todo lo que hagamos para el Señor y en el Señor, debemos separar la verdad de la falsedad y seguir la voluntad del Espíritu Santo con dominio propio. Si logramos escuchar la voz del Espíritu Santo, seremos prosperados en todo porque tendremos dominio propio. No obstante, si no tenemos dominio propio, las cosas pueden desviarse y quizás enfrentemos accidentes, tanto naturales como provocados, enfermedades y así por el estilo.

De igual manera, el fruto del dominio propio es importante e imprescindible para alcanzar la perfección. En la medida en que produzcamos el fruto del amor, podremos producir el fruto del gozo, paz, paciencia, benignidad, bondad, fidelidad y mansedumbre; estos frutos se complementarán con el dominio propio.

El dominio propio se puede comparar con el ano de nuestro cuerpo; aunque es un miembro muy pequeño, desempeña un papel muy importante. ¿Qué pasaría si pierde su capacidad para contraerse? No podríamos controlar nuestros impulsos y estaríamos sucios e indecentes todo el tiempo.

De la misma manera, si perdemos el dominio propio, todo puede tornarse un desorden. Las personas viven en falsedad porque no se controlan a sí mismas en lo espiritual. Debido a esto, enfrentan pruebas y no pueden ser amados por Dios. Si no podemos controlarnos a nosotros mismos en lo físico, no caminaremos de manera recta ni justa porque comeremos y beberemos como deseemos, haciendo de nuestras vidas un desorden.

Juan el Bautista

Un buen ejemplo de dominio propio entre los personajes bíblicos es Juan el Bautista, quien supo con claridad el por qué de su vida en este mundo. Él conoció que debía preparar el camino para Jesús, quien es la luz verdadera, así que vivió una vida totalmente aislada de este mundo hasta llegar al cumplimiento de su tarea. Él se equipó únicamente con oración y la Palabra mientras estaba en el desierto; comió solo langostas y miel. Su vida fue muy aislada y estrictamente controlada, mediante la cual se capacitó para preparar el camino del Señor y cumplir con su deber por completo.

En Mateo 11:11, Jesús dijo lo siguiente con respecto a él: *"De cierto os digo: Entre los que nacen de mujer no se ha levantado otro mayor que Juan el Bautista"*.

Si alguien piensa: "¡Ah, entonces ahora voy a sumergirme en lo profundo de las montañas o algún lugar aislado y así vivir una vida de dominio propio!", esto demuestra que aquel no tiene dominio propio y que interpreta la Palabra de Dios a su manera, pensando demasiado.

Es importante controlar su corazón en el Espíritu Santo; si aún no ha alcanzado el nivel del espíritu, debe controlar sus deseos carnales y seguir únicamente los deseos del Espíritu Santo. Además, incluso después de haber alcanzado el espíritu, debe controlar la fuerza o magnitud de cada uno de los corazones espirituales para poder tener armonía perfecta como un todo. Este tipo de dominio propio se demuestra con la luz del crisopraso.

Jacinto: pureza y santidad

El jacinto forma el undécimo cimiento de los muros de la Nueva Jerusalén; es una piedra preciosa de color azulado transparente y en lo espiritual simboliza la pureza y la santidad.

La 'pureza' concierne al estado de no tener pecado alguno y

ser limpio, sin mancha ni arruga. Si una persona toma una ducha o baño un par de veces por día, cepilla su cabello y se viste bien, la gente dirá que es una persona limpia y ordenada. Ahora, ¿dirá también Dios que aquel está limpio? ¿Quién es entonces el hombre de corazón limpio y cómo podemos alcanzar la pureza de corazón?

Un corazón puro ante los ojos de Dios

Los fariseos y escribas se lavaban sus manos antes de comer de acuerdo a las tradiciones de los ancianos. En Mateo 15:2 vemos que, cuando los discípulos de Jesús no hicieron esto, ellos le preguntaron algo a fin de acusarlo: "*¿Por qué tus discípulos quebrantan la tradición de los ancianos? Porque no se lavan las manos cuando comen pan*".

Entonces Jesús les enseñó lo que es la pureza verdadera, diciendo: "*Porque del corazón salen los malos pensamientos, los homicidios, los adulterios, las fornicaciones, los hurtos, los falsos testimonios, las blasfemias. Estas cosas son las que contaminan al hombre; pero el comer con las manos sin lavar no contamina al hombre*" (Mateo 15:19-20).

Ante los ojos de Dios, pureza es no tener pecado en el corazón, es tener un corazón que está limpio, sin culpa, mancha o arruga. Podemos limpiar nuestras manos y cuerpo con agua, pero ¿cómo purificamos nuestro corazón?

¡También podemos lavarlo con agua! Podemos limpiarlo al lavarlo con el agua espiritual que es la Palabra de Dios. En Hebreos 10:22 leemos: "*Acerquémonos con corazón sincero, en plena certidumbre de fe, purificados los corazones de mala conciencia, y lavados los cuerpos con agua pura"*. Podemos tener corazones limpios y veraces en la medida en que actuemos de acuerdo a la Palabra de Dios.

Cuando obedecemos lo que la Biblia nos dice respecto a 'despojar y no hacer', se lavará toda falsedad y maldad de nuestro corazón. Cuando obedecemos todo lo que la Biblia nos pide que hagamos y guardemos, podremos evitar ser manchados por el pecado y la maldad del mundo al recibir una provisión constante del agua limpia. De este modo podremos mantener limpio nuestro corazón.

Mateo 5:8 nos dice: *"Bienaventurados los de limpio corazón, porque ellos verán a Dios"*. Dios nos ha hablado respecto a la bendición que tendrán los puros de corazón; consiste en que ellos verán a Dios. Aquellos que son puros de corazón verán a Dios cara a cara en el reino de los Cielos, podrán avanzar hasta por lo menos el tercer reino de los cielos o incluso podrán entrar en la Nueva Jerusalén.

Pero el significado real de 'ver a Dios' no es literalmente solo ver a Dios; significa que siempre nos encontraremos con Dios y recibiremos Su ayuda. Significa que estamos viviendo una vida en la que caminamos con Dios, incluso en este mundo.

Enoc, quien alcanzó un corazón puro

El quinto capítulo de Génesis muestra a Enoc, quien cultivó un corazón puro y caminó con Dios en este mundo. En Génesis

5:21-24 podemos leer que Enoc caminó con Dios durante trescientos años a partir del momento en que llegó a ser padre de Matusalén a la edad de 65 años. Luego, tal como está escrito en el v. 24: *"Caminó, pues, Enoc con Dios, y desapareció, porque le llevó Dios";* Enoc fue llevado vivo al Cielo.

Hebreos 11:5 nos dice la razón por la que él pudo ser llevado al Cielo sin ver la muerte. Dice: *"Por la fe Enoc fue traspuesto para no ver muerte, y no fue hallado, porque lo traspuso Dios; y antes que fuese traspuesto, tuvo testimonio de haber agradado a Dios".*

Enoc agradó a Dios al cultivar un corazón puro sin pecado alguno, incluso al punto de no llegar a ver la muerte. Al final fue llevado vivo al Cielo. En ese entonces tenía 365 años, pero en esos días la gente solía vivir por más de 900 años. En un sentido actual, Dios se llevó a Enoc cuando estaba en el tiempo más vigoroso de su juventud.

Esto se dio porque Enoc era muy amado ante los ojos de Dios; en lugar de mantenerlo en la Tierra, Dios deseó tener a Enoc cerca de Su lado en el reino celestial. Podemos ver claramente cuánto ama y se regocija Dios con aquellos que tienen un corazón puro.

Sin embargo, Enoc tampoco logró santificarse de la noche a la mañana. Él también enfrentó varios tipos de pruebas hasta la edad de 65. En Génesis 5:19 vemos que Jared, el padre de Enoc, tuvo muchos hijos durante 800 años después del nacimiento de Enoc, por lo que entendemos que Enoc tuvo muchos hermanos y hermanas.

Dios me ha permitido saber por medio de la oración profunda, que Enoc no tenía ningún problema con sus hermanos y hermanas; Él jamás deseaba tener más de lo que tenían ellos y hacía concesiones, nunca quería ser reconocido más que sus hermanos y únicamente se esforzaba en todo. Incluso cuando algunos hermanos eran amados más que él, no se sentía incómodo, lo que significa que no tenía celos.

Asimismo, Enoc era siempre una persona obediente; escuchaba no solo la Palabra de Dios sino también las palabras de sus padres. Jamás insistía en su propia opinión, no tenía deseos egoístas, no tomaba las cosas de manera personal y tenía paz con todos.

Enoc cultivó un corazón puro con el cual pudo ver a Dios. Cuando llegó a los 65 años, alcanzó el nivel que agrada a Dios y pudo caminar con Él.

Pero hay una razón aún más importante por la que pudo caminar con Dios, y es que él amaba a Dios y disfrutaba mucho su comunicación con Él. Claro está que no puso su mirada en las cosas de este mundo y amó a Dios más que a cualquier cosa en este mundo.

Enoc amó a sus padres y les obedeció, y hubo paz y amor entre él y todos sus hermanos. No obstante, a quien más amó fue a Dios. Le gustaba estar solo y alabar a Dios más que estar con los miembros de su familia. Extrañaba a Dios cuando veía el cielo y la naturaleza, y disfrutaba de la comunión que tenía con Él.

Esto era así incluso antes de que empezara a caminar con Dios, y cuando comenzó a caminar con Él, esto continuó aun más. Como está escrito en Proverbios 8:17 que dice: *"Yo amo a* los que me aman, y me hallan los que temprano me buscan", Enoc amó a Dios y anhelaba estar con Él, por eso Dios caminó con él.

Mientras más amamos a Dios, más puro será el corazón; mientras más puro sea nuestro corazón, más amaremos a Dios y lo buscaremos. Es muy agradable hablar e interactuar con aquellos que son puros de corazón. Ellos aceptan todo con pureza y creen en los demás.

¿Quién podría sentirse mal y fruncirse ante las brillantes sonrisas de los bebés? La mayoría de personas se sentirán bien y también sonreirán al ver a los bebés, lo que se debe a que la pureza de los niños es transmitida a la gente y refresca sus corazones.

Dios el Padre siente lo mismo cuando ve una persona de corazón puro. Por ende, Él desea ver más de este tipo de personas y anhela permanecer con ellas.

Amatista: belleza y mansedumbre

El duodécimo y último de los cimientos de los muros de la Nueva Jerusalén está formado de amatista, piedra de color violeta claro y transparente. La amatista tiene un color elegante y hermoso que ha sido apreciado por los nobles desde épocas antiguas.

Dios también considera el corazón espiritual representado por la amatista como un corazón hermoso; este simboliza la mansedumbre descrita en el capítulo del amor espiritual, en las Bienaventuranzas e incluso en los nueve frutos del Espíritu Santo. Se trata de un fruto que ciertamente es producido por una persona que da origen al espíritu por medio del Espíritu y vive según la Palabra de Dios.

El corazón de mansedumbre que Dios considera hermoso

Cierto diccionario define la mansedumbre como el carácter de la bondad, benignidad y mansedumbre, y el acto de impartir tranquilidad. No obstante, la mansedumbre que Dios considera hermosa no comprende solo estas características.

Quienes tienen características amables en la carne, se sienten un poco incómodos respecto a la gente que no es amable. Cuando ven personas que son muy extrovertidas o de carácter fuerte, en cierto modo se tornan cautelosos e incluso les es difícil interactuar con ese tipo de personas. Sin embargo, una persona que es mansa espiritualmente puede aceptar a cualquier tipo de persona con cualquier tipo de carácter. Esta es una de las diferencias entre la mansedumbre carnal y la mansedumbre espiritual.

¿Qué es la mansedumbre espiritual y por qué Dios la considera hermosa?

Ser manso en lo espiritual es tener un carácter suave y cálido además de un corazón amplio para aceptar a todos. Se trata de alguien que posee un corazón suave y agradable como el algodón de modo que muchas personas puedan encontrar descanso en él. Es también alguien que puede entender todo con bondad y abrazar y aceptar todo con amor. Además hay algo que jamás debe faltar en la mansedumbre espiritual, es el carácter virtuoso en relación a tener un corazón amplio. Si tenemos un corazón muy cálido y suave solo para nosotros mismos, en realidad no significará nada. De vez en cuando, cuando es necesario, debemos poder animar y aconsejar a los demás, mostrando obras de bondad y amor. Mostrar un carácter virtuoso es fortalecer a los demás, hacerles sentir el calor de nuestro corazón y permitir que descansen en él.

Una persona espiritualmente mansa

Aquellos que tienen verdadera mansedumbre espiritual no tienen ningún prejuicio respecto a ninguna persona, por lo que no tienen ningún problema ni malas relaciones con ninguna persona. Además las demás personas también sienten su cálido corazón, por ende puede descansar y hallar paz interior al sentir que es aceptado con calidez. Esta mansedumbre espiritual es semejante a un gran árbol que provee sombra amplia y fresca en un caluroso día de verano.

Si el esposo acepta y abraza a todos los miembros de su familia con un corazón muy amplio, la esposa lo respetará y amará. Si la esposa tiene también un corazón semejante al suave algodón, ella podrá proporcionar comodidad y paz a su esposo, y podrán ser una pareja muy feliz. Además, los niños que son educados en este tipo de ambiente no se desviarán ni siquiera al enfrentar dificultades porque podrán ser fortalecidos en la tranquilidad de la familia, podrán superar sus conflictos y madurar con rectitud y salud.

Asimismo, a través de aquellos que han cultivado la mansedumbre espiritual, la gente alrededor también puede encontrar descanso y sentirse feliz. Entonces Dios el Padre podrá decir también que los que son mansos en lo espiritual son muy hermosos.

En este mundo la gente implementa varias maneras de ganarse el corazón de los demás; quizás les provean de cosas materiales o usen su fama o autoridad. Pero con esas cosas carnales, no podemos en realidad ganarnos el corazón de los demás. Quizás nos ayuden por el momento por causa de sus necesidades, pero debido a que en realidad no se someten con el corazón, cambiarán de parecer cuando cambien las situaciones.

No obstante, de manera natural la gente se reúne alrededor de alguien que tiene mansedumbre espiritual. Se someten con sinceridad y deseo de permanecer a su lado. Esto se debe a que, por medio de una persona que tiene mansedumbre espiritual, pueden fortalecerse y sentir la comodidad que no logran sentir en el mundo. Por lo tanto, muchas personas permanecerán con aquel que tiene mansedumbre espiritual y esto se convierte en autoridad espiritual.

En Mateo 5:5 se habla acerca de la bendición de ganar muchas almas; dice que ellos heredarán la tierra. Esto significa que se ganarán el corazón de los hombres que son hechos del polvo de la tierra. En consecuencia, también recibirán una gran porción de tierra en el eterno reino celestial. Ya que han abrazado y llevado muchas almas a la verdad, recibirán muchas recompensas.

Es por esto que, en Números 12:3, Dios dijo lo siguiente respecto a Moisés: *"Y aquel varón Moisés era muy manso, más que todos los hombres que había sobre la tierra"*. Moisés dirigió el Éxodo. Él condujo a más de dos millones de personas y los guió durante 40 años en el desierto. Al igual que los padres que educan a sus hijos, él los abrazó en su corazón y los dirigió de acuerdo a la voluntad de Dios. Aunque los hijos cometan pecados graves, los padres no los abandonan. De la misma manera hizo Moisés, quien abrigó incluso a las personas que no tenían otra opción aparte de ser olvidados de acuerdo a la Ley, y él las guió hasta el final pidiéndole a Dios que las perdonara.

Cuando se tiene incluso una responsabilidad menor en la iglesia, se entenderá cuán buena es esta mansedumbre. No solo en las labores de cuidado de las almas, sino en cualquier tipo de labor, si lo hace con mansedumbre no tendrá problema alguno. No existen dos personas que tengan el mismo corazón y los mismos pensamientos. Cada persona ha sido educada en circunstancias diferentes y tiene carácter distinto. Sus pensamientos y opiniones quizá difieran.

Pero aquel que es manso puede aceptar a los demás con un corazón amplio. La mansedumbre para menguar y aceptar a los demás se levanta de manera hermosa en situaciones en las que un individuo insiste en estar en lo correcto.

Hemos aprendido acerca de todos los corazones simbolizados por cada una de las piedras preciosas que conforman los doce cimientos de los muros de la Nueva Jerusalén. Estos son: corazón de fe, rectitud, sacrificio, justicia, fidelidad, pasión, misericordia, paciencia, bondad, dominio propio, pureza y mansedumbre. Cuando consolidemos todas estas características, nuestro corazón se convierte en el corazón de Jesucristo y de Dios el Padre. En pocas palabras, es un 'amor perfecto'.

Aquellos que han cultivado este amor perfecto con una mezcla buena y equilibrada de cada característica de las doce piedras pueden entrar confiadamente en la ciudad de la Nueva Jerusalén. Además, sus moradas en la Nueva Jerusalén serán adornadas con las doce piedras preciosas.

Por lo tanto, el interior de la santa ciudad de la Nueva Jerusalén es muy hermoso y cautivador, sobrepasa toda expresión. Las moradas, los edificios y todas las instalaciones tales como parques están decoradas de la manera más hermosa posible.

Pero lo que Dios considera más hermoso es la gente que entrará en la ciudad. Ellos emanarán luces más brillantes que las luces provenientes de las doce piedras preciosas. Además emanarán el profundo aroma de amor hacia el Padre desde el fondo del corazón, y por medio de esto, Dios el Padre será consolado por todas las cosas que Él habrá hecho hasta ese entonces.

Capítulo 6

Las doce puertas de perlas
y la calle de oro

"Las doce puertas eran doce perlas;
cada una de las puertas era una perla.
Y la calle de la ciudad era de oro puro,
transparente como vidrio".

- Apocalipsis 21:21

La ciudad de la Nueva Jerusalén tiene doce puertas, tres a cada lado de sus muros: norte, sur, este y oeste. Un enorme ángel cuida cada puerta y al contemplar esta escena rápidamente se puede apreciar la majestuosidad y autoridad de la ciudad de la Nueva Jerusalén. Cada puerta tiene forma de arco, y es tan alta que tenemos que mirar muy arriba para ver mejor. Cada puerta está hecha de una perla muy grande. Se abre para cualquier lado y tiene una manija hecha de oro y otras piedras preciosas. La puerta se abre automáticamente sin que alguien tenga que abrirla con la mano.

Dios ha hecho doce puertas con hermosas perlas y las calles de oro puro para Sus amados hijos. ¡Cuán hermosas y bellísimas serán las demás cosas en la ciudad!

Antes de ahondar en el estudio de los edificios y los lugares en la Nueva Jerusalén, consideremos primero las razones por las cuales Dios ha hecho las puertas de la Nueva Jerusalén con perlas y qué tipos de calles hay aparte de las calles de oro.

Las doce puertas de perlas

Apocalipsis 21:21 dice: *"Las doce puertas eran doce perlas; cada una de las puertas era una perla. Y la calle de la ciudad era de oro puro, transparente como vidrio".* ¿Por qué las doce puertas están hechas de perlas cuando existen muchas otras piedras preciosas en la Nueva Jerusalén? Algunos pueden decir que sería mejor decorar cada puerta con diferentes piedras preciosas ya que hay doce puertas, pero Dios ha adornado todas las puertas sólo con una perla.

Esto se debe a que la Providencia de Dios y el significado espiritual están contenidos en este diseño. A diferencia de otras piedras preciosas, las perlas tienen un valor algo diferente y por lo tanto son consideradas más valiosas porque son producidas después de un proceso doloroso.

¿Por qué las doce puertas están hechas de perlas?

¿Cómo se producen las perlas? Las perlas constituyen una de las dos joyas del mar, siendo la otra el coral. Estas han sido apreciadas por innumerables personas ya que emanan un brillo hermoso sin tener que ser pulidas.

Las perlas se forman en la piel interior del caparazón de una ostra. Se trata de un bulto de secreción anormal brillante que consiste principalmente de carbonato de calcio, en forma de esfera o semiesfera. Cuando una substancia extraña ingresa al suave interior de la ostra, esta sufre gran dolor, como si una aguja la estuviera pinchando. Luego la ostra batalla con la substancia extraña mientras soporta gran dolor. La perla se produce cuando la secreción de la ostra cubre la substancia extraña una y otra vez.

Existen dos tipos de perlas: perlas naturales y perlas cultivadas. La gente descubrió el principio para la producción de perlas, por lo que cultivan muchas ostras e insertan substancias artificiales en ellas para que produzcan perlas, las cuales aparentan un aspecto natural pero son relativamente menos costosas porque tienen capas de perla más finas.

Al igual que una ostra que produce una perla hermosa al soportar gran dolor por causa de las substancias extrañas, existe un proceso de resistencia para los hijos de Dios que se esfuerzan por recuperar la imagen perdida de Dios. Ellos pueden surgir con fe semejante al oro puro con la que pueden entrar en la Nueva Jerusalén solo después de haber soportado dificultades y dolor mientras viven en este mundo.

Si queremos obtener la victoria en la lucha de fe y pasar por las puertas de la santa ciudad de la Nueva Jerusalén, todos debemos hacer perlas en nuestro corazón. Al igual que la ostra que soporta dolor y segrega el nácar para hacer una perla, los hijos de Dios también deben soportar dolor hasta recuperar la imagen de Dios por completo.

Cuando el pecado entró en el mundo y la gente se manchó con el pecado cada vez más, perdieron la imagen de Dios. En el corazón del hombre se plantó la maldad y la falsedad, y sus corazones se tornaron impuros y emanaron hedor. Dios el Padre mostró Su gran amor incluso a estas personas que han vivido con corazones pecaminosos en un mundo lleno de pecado.

Cualquier persona que cree en Jesucristo será limpio de pecado por medio de la sangre de Jesús. Pero el tipo de hijos verdaderos que Dios el Padre desea consiste en aquellos hijos que han crecido y madurado por completo. Él anhela a aquellos que no se volverán a ensuciar una vez que han sido lavados. En lo espiritual esto significa que no seguirán cometiendo pecados, sino que agradarán a Dios el Padre con fe perfecta.

Para tener este tipo de fe perfecta, primero debemos tener corazones veraces. Podemos tener un corazón verdadero cuando saquemos todos los pecados y maldad de nuestro corazón y lo llenemos con bondad y amor. Mientras más bondad y amor tengamos, más habremos recuperado la imagen de Dios.

Dios el Padre permite en Sus hijos las pruebas que refinan para que puedan cultivar bondad y amor. Él les permite descubrir el pecado y la maldad en el corazón en varios tipos de situaciones. Al descubrir nuestros pecados y maldad, sentimos el dolor en nuestro corazón. Es algo semejante al intruso punzante que ingresa en la ostra y lastima la suave carne. Sin embargo, debemos reconocer el hecho de que sentimos dolor cuando atravesamos pruebas por causa del pecado y la maldad en el corazón.

Si nosotros reconocemos este hecho en verdad, podemos hacer una perla espiritual en el corazón. Oraremos fervientemente para despojarnos de los pecados y la maldad que hemos descubierto. Luego, la gracia y fortaleza de Dios descenderá sobre nosotros.

Además, el Espíritu Santo nos ayudará y, en consecuencia, los pecados y maldad que hemos descubierto serán eliminados, y en lugar de esto tendremos un corazón espiritual.

Las perlas son extremadamente preciosas cuando se considera su proceso de producción. Así como las ostras deben sufrir y soportar el dolor para producir las perlas, debemos superar y soportar gran dolor para entrar en la Nueva Jerusalén.

Podremos entrar por sus puertas únicamente cuando obtengamos la victoria en la batalla de la fe; estas puertas simbolizan este hecho.

En Hebreos 12:4 leemos: *"Porque aún no habéis resistido hasta la sangre, combatiendo contra el pecado"*. Y la segunda parte de Apocalipsis 2:10 también nos anima diciendo: *"Sé fiel hasta la muerte, y yo te daré la corona de la vida"*.

Tal como nos dice la Biblia, podemos entrar en Nueva Jerusalén, el lugar más hermoso del Cielo, solo cuando resistimos al pecado, nos despojamos de todo tipo de maldad, somos fieles incluso hasta llegar a morir y cumplimos nuestras responsabilidades.

Vencer las pruebas con fe

Debemos tener fe como el oro puro para entrar por las doce puertas de la Nueva Jerusalén. Esta clase de fe no viene por sí sola; solamente cuando pasamos y vencemos las pruebas de fe somos recompensados con dicha fe al igual que una ostra que soporta gran dolor hasta que produce una perla. Sin embargo, no es tan fácil prevalecer con fe porque el enemigo diablo y Satanás tratará de arrebatarnos la fe a toda costa. Además, hasta que no estemos firmes sobre la roca de fe, podría parecernos que el camino al Cielo es difícil y penoso porque tenemos que enfrentar intensas batallas contra el diablo enemigo en tanto que tengamos falsedad en nuestros corazones.

No obstante, podemos vencer porque Dios nos da Su gracia y fortaleza y el Espíritu Santo nos ayuda y nos guía. Si estamos sobre la roca de fe después de seguir estos pasos, podremos vencer toda clase de dificultades y regocijarnos en vez de sufrir.

Los monjes budistas golpean sus cuerpos y los someten a través de meditaciones para alejarse de todos los asuntos terrenales. Algunos practican el ascetismo por décadas, y cuando mueren, de sus pertenencias toman un objeto en forma de perla. Este objeto se ha formado después de muchos años de resistencia y templanza, de la misma manera en que las ostras forman las perlas.

¿Cuánto más tenemos nosotros que soportar y controlar el dolor si nos esforzamos por apartarnos de los placeres terrenales y controlar la concupiscencia del cuerpo solamente con nuestra fuerza? Sin embargo, como hijos de Dios podemos apartarnos de los placeres terrenales rápidamente con la gracia y la fortaleza de Dios en medio de la manifestación de las obras del Espíritu Santo. Además, podemos vencer cualquier clase de dificultades con la ayuda de Dios, y podemos avanzar en la carrera espiritual porque sabemos que el Cielo está preparado para nosotros.

Por lo tanto, los hijos de Dios que tienen fe no tienen que soportar sus pruebas en medio de dolor, sino que vencen con gozo y gratitud, anticipándose a las bendiciones que han de recibir muy pronto.

Las doce puertas de perlas son para los vencedores en la fe

Las doce puertas de perlas sirven como arcos de entrada de triunfo para los vencedores en la fe, del modo en que los comandantes victoriosos regresaban a casa tras exitosas marchas de combate junto a un monumento en honor a sus proezas.

En tiempos antiguos, para dar la bienvenida y honrar a los soldados y a sus comandantes que regresaban a casa en triunfo, se construían varios monumentos y estructuras llevando los respectivos nombres en honor a esos heroicos hombres. El general triunfante era honrado y pasaba por un arco o puerta triunfal cabalgando en un carruaje enviado por el rey, siendo recibido por una gran multitud.

Cuando llegaba a la sala de banquetes en medio de cantos triunfales, los ministros que estaban sentados junto al rey y la reina le daban la bienvenida. El comandante entonces se bajaba del carruaje y se inclinaba a su rey, y este hacía que se pusiera de pie y elogiaba su distinguido servicio. Entonces comían, bebían y compartían el gozo de la victoria. El comandante podía ser recompensado con autoridad, riquezas y honores similares a los del rey.

Si la autoridad de un comandante y del ejército es así de grandiosa, ¿cuánto más lo será la autoridad de los que pasan por las doce puertas de la Nueva Jerusalén? Serán amados y consolados por el Padre Dios y vivirán allí por siempre en la gloria que no puede ser comparada con la de un comandante o la de un soldado que pasa por algún arco triunfal. Cuando pasen por las doce puertas que están hechas totalmente de perlas, recordarán su viaje de fe durante el cual batallaron y procuraron dar lo mejor de sí, y derramarán lágrimas que surgen de lo más profundo de sus corazones en gratitud.

La grandeza de las doce puertas de perlas

En el Cielo las personas nunca olvidan nada, incluso después de mucho tiempo, porque el Cielo es una parte del mundo espiritual. Por el contrario, a veces valoran mucho los momentos que les traen a la memoria algunas cosas durante su vida en la Tierra.

Por eso es que los que entran a la Nueva Jerusalén se sienten llenos de profunda gratitud cada vez que miran las doce puertas de perlas, pensando: '¡He vencido muchas pruebas y finalmente llegué a la Nueva Jerusalén!' Se regocijan al recordar el hecho que batallaron y finalmente ganaron la batalla en contra del enemigo el Diablo y el mundo, y se despojaron de toda clase de maldad y falsedad que había en ellos. Entonces dan gracias a Dios el Padre una vez más, recordando que fue Su amor lo que los condujo a vencer el mundo. También dan gracias a las personas que les ayudaron a llegar a ese lugar.

En este mundo, el grado de gratitud a veces se desvanece completamente o disminuye con el paso del tiempo, pero ya que en el Cielo no existe insinceridad, la gratitud, gozo y amor de las personas crece cada vez más a medida que pasa el tiempo. Por consiguiente, cada vez que los habitantes de la Nueva Jerusalén miran las puertas de perlas, se sienten agradecidos por el amor de Dios y a los que le ayudaron a llegar allí.

Estoy sinceramente agradecido a los que me predicaron el evangelio y los que demostraron su gracia. Gracias a ellos soy lo que soy, de modo que no puedo dejar de agradecerles; cada día que pase estaré aun más agradecido.

Calles hechas de oro puro

Al recordar sus vidas en la Tierra y pasar por las majestuosas puertas de perlas en forma de arco, finalmente entran a la Nueva Jerusalén. La ciudad está llena de la luz de la gloria de Dios, de un distante, pacífico sonido de alabanza de ángeles y del suave aroma de las flores. Al caminar en la ciudad, sienten la indescriptible felicidad y el éxtasis de estar allí.

Los muros adornados con doce piedras preciosas y hermosas puertas de perlas ya han sido mencionados. Pero, ¿de qué están hechas las calles de la Nueva Jerusalén? Como nos dice Apocalipsis 21:21: *"Las doce puertas eran doce perlas; cada una de las puertas era una perla. Y la calle de la ciudad era de oro puro, transparente como vidrio"*. Dios hizo las calles de

115

la Nueva Jerusalén de oro puro para Sus hijos que entren en la ciudad.

Jesucristo: el camino

En este mundo hay muchas clases de caminos, desde un camino desolado y silencioso hasta las rieles de un ferrocarril, desde calles angostas hasta autopistas. Dependiendo del lugar de destino y la necesidad, la gente toma diferentes caminos. A fin de llegar al Cielo, sin embargo, hay un solo camino: Jesucristo.

> *"soy el camino, y la verdad, y la vida; nadie viene al Padre, sino por mí". (Juan 14:6).*

Jesús, el Unigénito Hijo de Dios, abrió el camino de la salvación al ser crucificado a favor de todos los hombres, quienes tenían que perecer eternamente a causa de sus pecados, y al resucitar al tercer día. Cuando creemos en Jesucristo, estamos calificados para recibir la vida eterna. Por lo tanto, Jesucristo es el único camino al Cielo, a la salvación y a la vida eterna. Además, aceptar a Jesucristo y asemejarse a Su naturaleza es el camino a la vida eterna.

Calles de oro

A cada lado del Río del Agua de Vida hay calles que fácilmente conducen a todos al trono de Dios en el infinito Cielo. El Río del Agua de Vida se origina en el trono de Dios y del Cordero, fluye a través de la ciudad de la Nueva Jerusalén y a través de todas las moradas en el Cielo y regresa al trono de Dios.

"Después me mostró un río limpio de agua de vida, resplandeciente como cristal, que salía del trono de Dios y del Cordero. En medio de la calle de la ciudad, y a uno y otro lado del río, estaba el árbol de la vida, que produce doce frutos, dando cada mes su fruto; y las hojas del árbol eran para la sanidad de las naciones" *(Apocalipsis 22:1-2).*

Espiritualmente el 'agua' simboliza la Palabra de Dios y puesto que obtenemos vida a través de Su Palabra y vamos por el camino hacia la vida eterna por medio de Jesucristo, el Agua de Vida fluye del trono de Dios y del Cordero.

Además, ya que el Río de Agua de Vida circunda el Cielo, podemos alcanzar la Nueva Jerusalén fácilmente con solo seguir las calles de oro que están a cada lado del río.

Importancia de las calles de oro

Las calles de oro no sólo están en la Nueva Jerusalén, sino también en todo lugar en el Cielo. Sin embargo, al igual que la diferencia existente entre el resplandor, los materiales y la belleza de una morada a otra, el brillo de las calles de oro también es diferente en cada morada.

El oro puro en el Cielo, a diferencia del oro que se encuentra en este mundo, no es suave sino consistente. Aún así, cuando caminamos por estas calles de oro, se siente muy suave. Además, en el Cielo no hay polvo o alguna impureza, y ya que nunca nada se desgasta, las calles de oro nunca se deterioran. A cada lado de las calles brotan hermosas flores y saludan a los hijos de Dios al caminar en las calles.

¿Cuál es el significado y la razón para hacer las calles de oro puro? Es para recordarnos que mientras más puros sean los corazones, podemos vivir en un mejor lugar en el Cielo. Además, ya que podemos entrar a la Nueva Jerusalén sólo cuando avanzamos hacia la ciudad con fe y esperanza, Dios ha hecho las calles de oro puro, lo cual representa la fe espiritual y la ferviente esperanza que nace de esta fe.

Caminos de flores

Así como existen diferencias al caminar sobre un césped recién podado, rocas, caminos asfaltados y así sucesivamente, hay una diferencia entre caminar en las calles de oro y los caminos de flores. También hay otros caminos hechos de piedras preciosas y hay una diferencia entre la felicidad que se siente cuando se camina por ellos. De igual modo notamos la diferencia que hay en comodidad entre los varios medios de transporte, tales como un avión, tren o bus, y lo mismo sucede en el Cielo. Caminar por las calles por nuestra cuenta es totalmente diferente a ser transportados automáticamente por el poder de Dios.

Los caminos de flores en el Cielo no tienen las flores a cada lado porque ellos mismos están hechos de flores para que la gente pueda caminar sobre ellos. Se siente suave y esponjoso como caminar sobre una suave alfombra con los pies descalzos. Las flores no se deterioran o marchitan porque nuestros cuerpos son cuerpos espirituales que son muy livianos, y las flores no son pisoteadas.

Además las flores celestiales se regocijan y emiten sus aromas cuando los hijos de Dios caminan sobre ellas. Así que cuando pasan sobre los caminos de flores, sus cuerpos absorben estos aromas para que sus corazones se sientan dichosos, refrescados y felices.

Caminos de piedras preciosas

Estos caminos están hechos de piedras preciosas con muchas clases de colores brillantes y están llenos de hermosas luces, y lo más interesante es que irradian luces más hermosas cuando los redimidos, teniendo cuerpos espirituales, caminan sobre ellos. Incluso las piedras preciosas producen exquisitos aromas y la felicidad y el gozo que uno experimenta están más allá de nuestro limitado entendimiento. Del mismo modo, podemos sentir cierto suspenso o emoción al caminar por las calles de piedras preciosas porque se siente como si camináramos sobre el agua. No obstante, esto no significa que nos sentiríamos como si nos estuviéramos hundiendo en el agua o ahogándonos, sino que, por el contrario, nos sentimos extasiados al dar cada paso con cierto esfuerzo.

Sin embargo, podemos encontrar caminos de piedras preciosas solamente en ciertos lugares en el Cielo. En otras palabras, son dados como premios dentro y alrededor de la casa de los que se asemejan al corazón del Señor y contribuyeron mucho en alcanzar la Providencia de Dios del cultivo de la humanidad. Podemos comparar esto con la manera en que incluso un pequeño pasillo está adornado con elegantes decoraciones hechas de materiales de la más alta calidad en el castillo o palacio de un rey.

Las personas no se cansan o se hastían de nada en el Cielo sino que siempre aman todo porque es el mundo espiritual. Además, sienten más gozo y felicidad porque incluso el objeto más pequeño tiene escondido un significado espiritual, y por consiguiente el amor y admiración de las personas aumentan.

¡Cuán hermosa y maravillosa es la Nueva Jerusalén! Dios la preparó para Sus amados hijos. Incluso las personas que están en el Paraíso y en el primero, segundo y tercer Reino de los Cielos se regocijan grandemente y están agradecidos cuando pasan por las puertas de perlas con invitación para ir a la Nueva Jerusalén.

¿Puede imaginarse cuánto más agradecidos y gozosos estarán los hijos de Dios por el hecho de haber llegado a la Nueva Jerusalén como resultado de haber seguido fielmente al Señor, el verdadero camino?

Tres claves para entrar en la Santa Ciudad de la Nueva Jerusalén

La Nueva Jerusalén es una ciudad con forma cúbica; su anchura, longitud y altura miden 2.400 km. El muro de la ciudad tiene un total de doce puertas y doce cimientos. El muro de la ciudad, las doce puertas y los doce cimientos tienen significados espirituales. Si entendemos estos significados y los alcanzamos en nuestro corazón, podremos tener las cualidades espirituales para entrar a la Nueva Jerusalén. En este sentido, esos significados espirituales son la clave para entrar en la Santa Ciudad de la Nueva Jerusalén.

La primera clave para entrar a la Nueva Jerusalén está oculta en el muro de la ciudad. Como está escrito en Apocalipsis 21:18, que dice: *"El material de su muro era de jaspe; pero la ciudad era de oro puro, semejante al vidrio limpio"*. El muro de la ciudad está hecho de jaspe, que en lo espiritual simboliza la fe que agrada a Dios.

La fe es el elemento más básico y esencial en la vida cristiana. Sin fe no podemos ser salvos y tampoco podemos agradar a Dios. Para entrar en la ciudad de la Nueva Jerusalén, debemos tener fe para agradar a Dios: el quinto nivel de fe, que es el nivel más alto de fe. Por lo tanto, la primera clave es el quinto nivel de fe, la fe para agradar a Dios.

La segunda clave se encuentra en los doce cimientos. La consolidación de los corazones espirituales representados por los doce cimientos constituyen el amor perfecto, y este amor perfecto es la segunda clave a la Nueva Jerusalén.

Los doce cimientos están hechos de doce piedras preciosas distintas. Cada una de ellas simboliza un tipo específico de corazón espiritual que son: corazón de fe, rectitud, sacrificio, justicia, fidelidad, pasión, misericordia, paciencia, bondad, dominio propio, pureza y mansedumbre. Cuando consolidamos todas estas características, el corazón se torna en el corazón de Jesucristo y Dios el Padre que es el amor en Sí. En resumen, la segunda clave para entrar a la Nueva Jerusalén es el amor perfecto.

La tercera clave escondida en la ciudad de la Nueva Jerusalén está en las doce puertas de perlas. Por medio de las perlas, Dios quiere que comprendamos cómo podemos entrar en la Nueva Jerusalén. Las perlas se hacen de manera muy diferente a las demás gemas. Todo el oro, plata y demás piedras preciosas que forman los doce cimientos provienen de la Tierra, pero las perlas son las únicas provenientes de un ser vivo.

La mayor parte de perlas son hechas por las ostras, las cuales soportan dolor y segregan el nácar para hacer la perla. De la misma manera, los hijos de Dios también deben soportar dolor hasta recuperar por completo la imagen de Dios.

Dios el Padre desea obtener hijos que no se ensucien nuevamente después de haber sido lavados con la sangre de Jesucristo, sino que agraden a Dios Padre con fe perfecta. El acto de poseer esta fe perfecta requiere de nosotros un corazón verdadero, el cual podemos llegar a tener una vez que hayamos sacado todos los pecados y la maldad de nuestro corazón y lo hayamos llenado con bondad y amor.

Es por eso que Dios permite que tengamos pruebas de fe hasta que lleguemos a tener un corazón veraz y fe perfecta. Él permite que descubramos el pecado y la maldad de nuestros corazones en varios tipos de situaciones. Cuando descubrimos nuestros pecados y maldad, sentimos el dolor en nuestro corazón.

Es algo semejante al intruso punzante que ingresa en la ostra y lastima la suave carne. De la misma manera que la ostra cubre al intruso con capa sobre capa de nácar, añadiendo espesor tras cada capa, al atravesar las pruebas con fe el nácar de nuestro corazón se tornará más espeso. Así como la ostra forma una perla, los creyentes también debemos hacer perlas espirituales para entrar en la Nueva Jerusalén. Esta es la tercera clave para entrar en la Nueva Jerusalén.

Anhelo que ustedes comprendan los significados espirituales contenidos en el muro de la ciudad de la Nueva Jerusalén, en las doce puertas del muro y en los doce cimientos, y que obtengan las tres claves para entrar en la Nueva Jerusalén al tener las cualidades espirituales.

Capítulo 7

El hermoso espectáculo

"Y no vi en ella templo;
porque el Señor Dios Todopoderoso es el templo de ella,
y el Cordero. La ciudad no tiene necesidad
de sol ni de luna que brillen en ella;
porque la gloria de Dios la ilumina,
y el Cordero es su lumbrera.
Y las naciones que hubieren sido salvas andarán
a la luz de ella;
y los reyes de la tierra traerán su gloria y honor a ella.
Sus puertas nunca serán cerradas de día,
pues allí no habrá noche.
Y llevarán la gloria y la honra de las naciones a ella.
No entrará en ella ninguna cosa inmunda,
o que hace abominación y mentira,
sino solamente los que están inscritos
en el libro de la vida del Cordero".

- Apocalipsis 21:22-27

El Apóstol Juan, a quien el Espíritu Santo le mostró la Nueva Jerusalén, registró el paisaje de la ciudad en detalle al verla desde un lugar alto. Juan había anhelado mucho ver cómo era la Nueva Jerusalén, y cuando finalmente vio el interior de la ciudad, cuya vista era muy hermosa, se quedó completamente maravillado.

Si tenemos las condiciones necesarias para entrar en la Nueva Jerusalén y nos detenemos frente a la entrada podremos ver la puerta de perlas en forma de arco abierta, la misma que es demasiado grande para que podamos ver sus extremos.

En ese momento, somos rodeados por unas luces indescriptiblemente hermosas de la Nueva Jerusalén que hacen su aparición. Sentimos inmediatamente el gran amor de Dios y no podemos evitar que nuestras lágrimas caigan.

Al experimentar el abundante amor de Dios el Padre quien nos ha protegido con Sus ojos resplandecientes, la gracia del Señor que nos ha perdonado con Su sangre en la cruz, y el amor del Espíritu Santo morando en nuestros corazones y quien nos ha guiado a vivir en la verdad, damos infinita gloria y honor a Dios.

Examinemos ahora algunos detalles de la ciudad de la Nueva Jerusalén basados en el relato del Apóstol Juan.

No hay necesidad de la luz del sol o de la luna

El Apóstol Juan, al contemplar el paisaje del interior de la Nueva Jerusalén que estaba llena de la gloria de Dios, confesó lo siguiente:

"La ciudad no tiene necesidad de sol ni de luna que

brillen en ella; porque la gloria de Dios la ilumina, y el Cordero es su lumbrera" (Apocalipsis 21:23).

La Nueva Jerusalén está llena de la gloria de Dios puesto que Dios mismo está allí y gobierna en la ciudad, y dentro de ella está la cumbre del reino espiritual en el cual Dios se dividió en la Trinidad para el cultivo de la humanidad.

La gloria de Dios resplandece sobre la Nueva Jerusalén

La razón por la que Dios ha colocado el sol y la luna para alumbrar este mundo es para que reconozcamos el bien y el mal, y para que distingamos el espíritu de la carne a través de la luz y la oscuridad a fin de que podamos vivir como verdaderos hijos de Dios. Él sabe todo acerca del espíritu y de la carne, y del bien y del mal, pero los seres humanos no pueden darse cuenta de estas cosas sin el cultivo de la humanidad porque son simples criaturas.

Cuando Adán, el primer hombre, estuvo en el Huerto del Edén antes del comienzo de la cultivación humana, nunca llegó a saber acerca del mal, muerte, oscuridad, pobreza o enfermedad. Por esta razón no pudo captar el verdadero significado de la felicidad de la vida o estar agradecido a Dios que le había dado todo, aunque su vida era muy abundante.

Para que Adán conociera la verdadera felicidad, necesitaba derramar lágrimas, lamentarse, sufrir de dolor y enfermedad y experimentar la muerte, y este es el proceso del cultivo de la humanidad. Por favor lea el libro titulado *EL MENSAJE DE LA CRUZ* para más detalles.

Al final, Adán cometió el pecado de desobediencia al comer del árbol de la ciencia del bien y del mal, fue expulsado a este mundo y llegó a experimentar la relatividad. Sólo después de esto pudo entender cuán abundante, feliz y hermosa había sido su vida en el Huerto del Edén, y pudo dar gracias a Dios con un corazón sincero y verdadero.

Sus descendientes también llegaron a diferenciar la luz de las tinieblas, el espíritu de la carne y lo bueno de lo malo a través de la cultivación humana al experimentar muchas clases de dificultades. Por lo tanto, una vez que recibamos la salvación y vayamos al Cielo, la luz del sol o de la luna que se requería para la cultivación humana ya no será necesaria.

Ya que Dios mismo habita en la ciudad de la Nueva Jerusalén, no hay oscuridad en lo absoluto. Además, la luz de la gloria de Dios es la que más resplandece en la Nueva Jerusalén; desde luego, la ciudad no necesita el sol o la luna, o ninguna lámpara o luz que la ilumine.

El Cordero que es la lumbrera de la Nueva Jerusalén

Juan no pudo encontrar nada que produzca luz que se parezca al sol o la luna, o a alguna clase de bombilla eléctrica. Esto se debe a que Jesucristo, quien es el Cordero, llega a ser la lumbrera en la ciudad de la Nueva Jerusalén.

Juan 1:3 dice: *"Todas las cosas por él fueron hechas, y sin él nada de lo que ha sido hecho, fue hecho"*. En Juan 15:5 leemos: *"Yo soy la vid, vosotros los pámpanos; el que permanece en mí, y yo en él, éste lleva mucho fruto; porque separados de mí nada podéis hacer"*. Debemos entender que por Jesucristo todas las cosas fueron creadas, empezó el cultivo de la humanidad en este mundo y se abrió el camino de la salvación de la humanidad.

Puesto que el primer hombre Adán cometió el pecado de la desobediencia, la raza humana tuvo que caer al camino de la muerte (Romanos 6:23). El Dios de amor envió a Jesús a este mundo para resolver el problema del pecado. Jesús, el Hijo de Dios que vino en carne a este mundo, redimió nuestros pecados al derramar Su sangre y llegó a ser el primer fruto de la resurrección al destruir el poder de la muerte.

Como resultado, todos los que aceptan a Jesús como su Salvador personal reciben vida y pueden participar en la resurrección, disfrutar vida eterna en el Cielo y recibir las respuestas a todo lo que pidan en este mundo. Además, los hijos de Dios pueden ahora llegar a ser la luz del mundo viviendo en la luz también, y dar gloria a Dios por medio de Jesucristo. En otras palabras, de la forma que una lámpara produce luz, la luz de la gloria de Dios resplandece con mucho más esplendor a través del Salvador Jesús.

La belleza indescriptible de la Nueva Jerusalén

Si contemplamos la ciudad de la Nueva Jerusalén desde lejos, podremos ver hermosos edificios hechos de muchas clases de piedras preciosas y de oro a través de nubes de gloria. Toda la ciudad parece estar viva con la mezcla de muchas clases de luces: las luces que provienen de las casas hechas de piedras preciosas, la luz de la gloria de Dios y las luces que provienen de los muros hechos de jaspe y oro puro en colores claros y azulados.

¿Cómo podemos expresar en palabras la emoción y entusiasmo de entrar a la Nueva Jerusalén? La ciudad es tan hermosa, espléndida y extática más allá de nuestra imaginación. En el centro de la ciudad está el trono de Dios, donde se origina el Río del Agua de Vida. Alrededor del trono de Dios están las casas de Elías, Enoc, Abraham, Moisés, María Magdalena y de la Virgen María, quienes fueron muy amados por Dios.

El castillo del Señor

El castillo del Señor está ubicado a la derecha y abajo del trono de Dios, donde Él está sentado para los servicios de adoración o para los banquetes en la ciudad de la Nueva Jerusalén. En el castillo del Señor hay un enorme edificio con techo de oro en el centro y alrededor de este hay una cantidad interminable de muchas clases de construcciones y edificios. Especialmente, hay muchas cruces bellísimas, rodeadas de luces brillantes, sobre los techos de oro que tienen forma de cúpulas. Ellas nos recuerdan el hecho de que recibimos la salvación y llegamos al Cielo porque Jesús tomó la cruz.

El gran edificio en el centro es una estructura de forma cilíndrica, pero como está adornado con muchas piedras preciosas delicadamente labradas, hermosas luces brillan de cada piedra preciosa y se mezclan para formar los colores del arco iris. Si quisiéramos comparar el castillo del Señor con cualquier edificio hecho por el hombre en la Tierra, se parece bastante a la

Catedral de San Basilio en Moscú, Rusia. No obstante, el estilo, los materiales y el tamaño, de ningún modo se pueden comparar con los edificios más majestuosos que alguna vez se hayan diseñado o construido en este mundo.

Además de este edificio en el centro, hay muchos edificios en el castillo del Señor. Dios el Padre preparó estos edificios para que los que tienen una cercana relación espiritual pudieran vivir con aquellos a quienes aman. Al frente del castillo del Señor, las casas de los doce discípulos están en fila. En la parte delantera están las casas de Pedro, Juan y Santiago y las casas de los demás discípulos están colocadas detrás de ellas. Lo que es especial es que hay lugares para que María Magdalena y la Virgen María se queden en el castillo del Señor. Por supuesto, estos lugares son para que ellas se queden temporalmente cuando son invitadas por el Señor y sus verdaderas casas, que también tienen forma de castillo, están ubicadas cerca del trono de Dios.

El castillo del Espíritu Santo

A la derecha y hacia abajo del trono de Dios está el castillo del Espíritu Santo. Este gigantesco castillo representa a las tiernas y suaves características maternales del Espíritu Santo con muchas armoniosas construcciones que tienen forma de cúpula de diferentes tamaños.

El edificio más grande se encuentra en el centro del castillo y su techo está hecho de cornalina, la cual representa el fervor. Alrededor de este edificio fluye el Río del Agua de Vida que proviene del trono de Dios y del castillo del Señor.

Todos los castillos en la Nueva Jerusalén son muy enormes e imponentes sin comparación, pero los castillos del Señor y del Espíritu Santo son especialmente magníficos y hermosos. Su tamaño es casi el de una ciudad y no el de un castillo y están construidos en un estilo muy especial. Esto es porque, a diferencia de otras casas que son construidas por ángeles, estos castillos están construidos por el Padre mismo. Además, al igual que el castillo del Señor, las casas de los creyentes que vivieron en una perfecta armonía y unidad con el Espíritu Santo y llevaron a cabo el reino de Dios en la dispensación del Espíritu Santo, están bellamente construidas alrededor del castillo del Espíritu Santo.

Un puente de nube de gloria y un lugar para reuniones

En medio de los castillos del Señor y del Espíritu Santo hay un puente en forma de arco hecho de brillantes y hermosas nubes para conectar los dos castillos. En el medio del puente hay un lugar de encuentro donde el Señor y el Espíritu Santo se reúnen y sostienen conversaciones.

Incluso a los residentes de la Nueva Jerusalén no se les permite estar en este lugar porque está especialmente reservado solamente para el Señor y el Espíritu Santo. A veces, el Señor llega primero y espera al Espíritu Santo, o a veces el Espíritu Santo aparece primero y espera al Señor. En este lugar pueden tener conversaciones amistosas como hermanos estando sentados alrededor de una mesa hecha de piedras preciosas bajo una sombrilla que tiene los colores del arco iris. Mirando el Río del Agua de Vida que fluye debajo del puente de nube, ellos comparten sus corazones, confesiones y otros asuntos que no podían tratar cuando estaban ministrando en la Tierra. No solamente tienen conversaciones amigables sino también sienten y comparten profundamente el amor del Padre.

El Gran Santuario

Hay muchos edificios en construcción alrededor del castillo del Espíritu Santo y especialmente hay un edificio majestuoso y fabuloso. Tiene un techo circular y doce pilares altos y hay doce grandes puertas entre los pilares. Este es el Gran Santuario hecho como una réplica de la ciudad de la Nueva Jerusalén.

Sin embargo, en Apocalipsis 21:22, Juan dice: *"Y no vi en ella templo; porque el Señor Dios Todopoderoso es el templo de ella, y el Cordero"*. ¿Por qué Juan no pudo ver un templo? La gente usualmente cree que Dios necesita una casa donde permanecer, es decir, un templo, del mismo modo que nosotros necesitamos una casa. Por lo tanto, en este mundo le adoramos en santuarios donde se predica la Palabra de Dios.

Como se menciona en Juan 1:1: *"En el principio era el Verbo, y el Verbo era con Dios, y el Verbo era Dios"*, donde está la Palabra, allí está Dios, en cualquier lugar que se predique la Palabra allí está el santuario. No obstante, Dios mismo reside en la ciudad de la Nueva Jerusalén. Dios que es la Palabra misma, y el Señor que es uno con Dios, viven en la ciudad de la Nueva Jerusalén, así que ningún otro templo es necesario. Por esta razón, por medio del Apóstol Juan, Dios nos da a conocer que no se necesita ningún templo y que Dios y el Señor son el templo en la Nueva Jerusalén.

Entonces, esto nos hace preguntar: ¿por qué se está construyendo hoy un Gran Santuario, el cual no estaba durante el tiempo del Apóstol Juan? Como podemos encontrar en Hechos 17:24: *"El Dios que hizo el mundo y todas las cosas que en él hay, siendo Señor del cielo y de la tierra, no habita en templos hechos por manos humanas";* Dios no habita en un templo en particular. Otra vez encontramos en Salmos 103:19: *"Jehová estableció en los cielos su trono, Y su reino domina sobre todos".* El trono de Dios está en el Cielo.

Asimismo, aunque el trono de Dios está en el Cielo, Él aún quiere edificar el Gran Santuario que representa Su gloria; el Gran Santuario viene a ser una clara evidencia de la manifestación del poder y la gloria de Dios por todo el mundo.

Hoy hay muchas construcciones grandiosas y majestuosas en la Tierra. La gente invierte grandes sumas de dinero y construye hermosas estructuras para su propia gloria y de acuerdo a su gusto, pero nadie está haciendo lo mismo para Dios, quien es verdaderamente digno de exaltación. Por lo tanto, Dios quiere construir el hermoso y majestuoso Gran Santuario por medio de Sus hijos que han recibido el Espíritu Santo y han llegado a santificarse. Él, entonces, quiere ser debidamente glorificado por la gente de todas las naciones con esto (1 Crónicas 22:6-16).

De una forma similar, cuando el hermoso Gran Santuario esté construido de la forma que Dios quiere, todas las personas de todas las naciones glorificarán a Dios y se prepararán como novias del Señor para recibirle. Por eso es que Dios preparó el Gran Santuario como un centro de evangelización para guiar a muchas personas al camino de la salvación y guiarlos a la Nueva Jerusalén al final de los tiempos. Si entendemos esta Providencia de Dios, edificaremos el Gran Santuario y daremos gloria a Dios, Él nos recompensará de acuerdo a nuestras obras y construirá el mismo Gran Santuario en la ciudad de la Nueva Jerusalén.

Por lo tanto, cuando los que entren al Cielo vean el Gran Santuario hecho de piedras preciosas y de oro que no pueden compararse con ningún material de la Tierra, estarán eternamente agradecidos por el amor de Dios que nos guió al camino de gloria y de las bendiciones a través de la cultivación humana.

Casas celestiales decoradas con piedras preciosas y oro

Alrededor del castillo del Espíritu Santo hay casas decoradas con muchas clases de piedras preciosas y también hay muchas casas que todavía están construyéndose. Podemos ver a muchos ángeles trabajando, colocando hermosas piedras preciosas por todos lados o preparando el lugar donde se va a construir las casas. De esta forma, Dios da recompensas de acuerdo a las obras de cada individuo y las coloca en su respectiva casa.

Dios una vez me mostró las moradas de dos hermanas muy fieles de nuestra iglesia. Una de ellas ha sido una fuente de gran fortaleza y aliento para la iglesia orando día y noche por el Reino de Dios. Su casa está hecha con el aroma de la oración y la perseverancia y desde la entrada está decorada con piedras preciosas brillantes.

Además, en una esquina del jardín hay una mesa especialmente acondicionada para satisfacer su gusto por los dulces, en la cual puede compartir momentos agradables con sus seres queridos. Hay muchas clases de pequeñas flores de diferentes colores sobre el césped de la pradera. Esto describe solamente la entrada y el jardín de la casa de esta persona. ¿Puede imaginarse cuán majestuoso será el edificio principal?

La otra casa que Dios me mostró pertenece a una sierva de Dios que se ha dedicado a la evangelización por medio de literaturas y libros cristianos. Pude distinguir una de las habitaciones entre las demás de la parte principal de la casa. Hay un escritorio, una silla y un candelero que están hechos de oro y hay muchos libros en esta habitación. Esto es para recompensarla y en memoria de su obra de glorificar a Dios por medio de la evangelización con literatura y porque Dios sabe que a ella le gusta mucho leer.

Asimismo, Dios no solamente prepara nuestras casas celestiales sino que también nos da cosas muy hermosas que no podemos imaginar para recompensarnos por haber dejado y abandonado nuestro placer por las cosas del mundo al estar en la Tierra para dedicarnos completamente a llevar a cabo el reino de Dios.

Por siempre con el Señor, nuestro Novio

En la ciudad de la Nueva Jerusalén, se celebran constantemente distintas clases de banquetes, incluyendo el que es celebrado por Dios el Padre. Esto sucede porque los que viven en la Nueva Jerusalén pueden invitar a sus hermanos y hermanas que viven en otras moradas del Cielo.

¡Cuán glorioso y feliz sería si usted pudiera vivir en la Nueva Jerusalén y ser invitado por el Señor a compartir amor con Él y asistir a estos agradables banquetes!

Una afectuosa bienvenida en el castillo del Señor

Cuando las personas de la Nueva Jerusalén son invitadas por su novio espiritual el Señor, se adornan como novias muy hermosas y con corazones gozosos se reúnen en el castillo del Señor. Cuando estas novias del Señor llegan a Su castillo, dos ángeles a cada lado de la resplandeciente puerta principal les dan la bienvenida. En ese momento, la fragancia de los muros decorados con muchas piedras preciosas y flores rodea sus cuerpos para aumentar su gozo.

Al entrar por la puerta principal, el sonido de alabanza que impacta lo más profundo del espíritu se escucha levemente. Entonces, al escuchar este sonido, paz, felicidad y gratitud por el amor de Dios desbordan sus corazones porque saben que es Él que los ha guiado allí.

Mientras caminan en la calle de oro puro como el cristal para llegar al edificio principal, son escoltados por ángeles y pasan junto a muchos edificios y jardines hermosos. Hasta llegar al edificio principal, sus corazones palpitan fuertemente esperando encontrarse con el Señor. Al llegar más cerca del edificio principal, pueden ver al Señor mismo que está esperando para darles la bienvenida. Lágrimas empañan sus ojos pero corren al Señor teniendo un ferviente deseo de verlo lo más pronto posible. El Señor los espera con Sus brazos abiertos de par en par, y con Su rostro lleno de amor y mansedumbre abraza a cada uno.

El Señor les dice: "¡Vengan, mis hermosas novias!" ¡Sean muy bienvenidas! Los que están invitados confiesan su amor en Su pecho, diciendo: "¡Estoy agradecido desde el fondo de mi corazón por haberme invitado!" Luego caminan por todos lados tomados de la mano del Señor como parejas profundamente enamoradas y pueden conversar abiertamente con Él acerca de temas que anhelaban saber cuando vivían en la Tierra. A la derecha del edificio principal hay un gran lago y el Señor explica en detalle Sus sentimientos y circunstancias del tiempo de Su ministerio en la Tierra.

Cerca del lago que nos recuerda el Mar de Galilea

¿Por qué este lago les recuerda el Mar de Galilea? Dios hizo este lago como un recordatorio porque fue cerca del Mar de Galilea donde el Señor empezó Su ministerio y donde llevó a cabo la mayor parte de sus obras (Mateo 4:23). Isaías 9:1 dice: *"Mas no habrá siempre oscuridad para la que está ahora en angustia, tal como la aflicción que le vino en el tiempo que livianamente tocaron la primera vez a la tierra de Zabulón y a la tierra de Neftalí; pues al fin llenará de gloria el camino del mar, de aquel lado del Jordán, en Galilea de los gentiles".* Estaba profetizado que el Señor empezaría Su ministerio cerca del Mar de Galilea y la profecía fue cumplida.

Muchos peces que emiten diferentes colores de luces nadan en este gran lago. En Juan 21:6, el Señor resucitado se apareció a Pedro, quien no había pescado ni un solo pez, y le dijo: *"Echad la red a la derecha de la barca, y hallaréis...* " y cuando Pedro obedeció, atrapó 153 peces. En el lago que está en el castillo del Señor también hay 153 peces y esto es también en memoria del ministerio del Señor. Cuando estos peces saltan al aire y hacen piruetas muy hermosas, sus colores cambian en muchas formas para aumentar el gozo y satisfacción de los invitados.

El Señor camina en este lago tal como lo hizo en el Mar de Galilea cuando estuvo en este mundo. Entonces, los que están invitados se colocan alrededor del lago en alegría y anhelan escuchar que el Señor hable. Él les explica detalladamente lo que pasó cuando caminó sobre el Mar de Galilea estando en la Tierra. Entonces, Pedro, quien pudo caminar sobre el agua por un momento al obedecer la Palabra del Señor, se siente triste porque se hundió en el agua a causa de su poca fe (Mateo 14:28-32).

Un museo que honra el ministerio del Señor

Al visitar diferentes lugares con el Señor, las personas recuerdan los momentos de su cultivación en la Tierra y se sienten abrumados por el amor del Padre y del Señor que prepararon el Cielo. Llegan a un museo a la izquierda del edificio principal en el castillo del Señor. Dios el Padre lo construyó en memoria del ministerio del Señor en la Tierra para que las personas puedan verlo y sentirlo como si fuera realidad. Por ejemplo, el lugar donde Jesús fue juzgado por Poncio Pilato y la Vía Dolorosa donde llevó la cruz hasta el Gólgota están reconstruidos idénticamente. Cuando la gente ve estos lugares, el Señor les explica detalladamente lo que sucedió en ese tiempo.

Hace poco, bajo la inspiración del Espíritu Santo, llegué a saber lo que el Señor confesó en esa ocasión y me gustaría compartir con ustedes una parte de lo que dijo. Es una confesión sincera del Señor, quien vino a este mundo después de dejar toda gloria en el Cielo, la cual hizo mientras estaba yendo al Gólgota llevando la cruz.

¡Padre, Padre mío!
Padre mío, eres perfecto en la luz,
¡Tú verdaderamente amas todo!
El suelo sobre el cual caminé por primera vez contigo,
y la gente, desde que fueron creados,
ahora se han corrompido mucho.....
¡Ahora me doy cuenta
por qué me enviaste aquí,
por qué permitiste que pase estos tormentos
que vienen de corazones corrompidos de personas,
y por qué permitiste que venga aquí
del glorioso lugar en el Cielo!
Todo esto es para que pueda sentir y darme cuenta
de todas estas cosas en lo profundo de mi corazón.

Pero, Padre...
Sé que restaurarás todas las cosas
en Tu justicia y Tus secretos ocultos.
¡Padre! Todas estas cosas son momentáneas.
Pero por causa de la gloria que me darás,
y los caminos de luz que abres para estas personas,

Padre, tomo esta cruz con esperanza y gozo.

Padre, puedo caminar esta senda
porque creo que abrirás este camino de salvación
y mostrarás la luz en Tu voluntad y en Tu amor,
y alumbrarás a Tu Hijo con las hermosas luces de gloria
cuando todas estas cosas acaben dentro de poco.

¡Padre! El suelo en donde caminaba está hecho de oro,
las calles en donde caminaba son también de oro,
el aroma de las flores que olía
no se puede comparar con el de este mundo,
los materiales de la ropa que antes usaba
son muy diferentes a los de aquí
y el hogar donde vivía
es un lugar tan glorioso.
Me gustaría que estas personas
conozcan este hermoso y pacífico lugar.

Padre, me doy cuenta hasta la más mínima razón de Tu
providencia.
Por qué nos separamos, por qué me diste este deber,
y por qué permitiste que venga aquí
para caminar en esta tierra corrompida,
y para saber lo que hay en las mentes de la gente corrompida.
Te alabo Padre por Tu amor, grandeza,
y todas estas cosas que son perfectas.

¡Mi amado Padre!
La gente cree que no puedo defenderme,
que me hago pasar por el rey de los judíos.
Pero Padre,
¿cómo pueden entender los recuerdos
que fluyen de Mi corazón,
el amor por el Padre que fluye de Mi corazón,
el amor por estas personas que fluye de mi corazón?

Padre, muchas personas se darán cuenta y entenderán
las cosas que han de ocurrir más adelante
por medio del Espíritu Santo
que les darás como un regalo
después que me haya ido.
Padre, a causa de este dolor temporal,
no derrames lágrimas,
y no apartes Tu rostro de Mí.
¡Que Tu corazón no se llene de dolor,
Padre!

! Padre, te amo!
hasta que llegue a ser crucificado,
derrame Mi sangre y respire el último aliento,
Padre, pienso en todas las cosas
y en el corazón de estas personas.

Padre, no te sientas triste
sino recibe la gloria por medio de Tu Hijo,

y la Providencia y todos los planes del Padre
serán plenamente completados por siempre
y por toda la eternidad.

Jesús explica lo que estaba pasando por su mente mientras estaba en la cruz, pensamientos tales como la gloria del Cielo, Él mismo de pie delante del Padre, la gente, la razón por la cual el Padre tuvo que darle esa responsabilidad, y así sucesivamente.

Los que son invitados al castillo del Señor derraman lágrimas al escuchar esto y dan gracias al Señor con lágrimas por haber llevado la cruz en su favor, y confiesan desde lo profundo de sus corazones: "¡Mi Señor, Tú eres mi verdadero Salvador!"

En memoria de las aflicciones del Señor, Dios creó muchos caminos de piedras preciosas en el castillo del Señor. Cuando alguien camina en las calles construidas y adornadas con muchas piedras preciosas de varios colores, las luces se hacen más brillantes y parece como si se caminara sobre el agua. Además, en memoria de cómo el Señor fue colgado en la cruz para redimir a los seres humanos de sus pecados, allí Dios el Padre hizo una cruz de madera salpicada con sangre.

Allí también está el establo de Belén en donde nació el Señor, y hay muchas cosas que ver a fin de sentir el ministerio del Señor como una realidad. Cuando la gente visita estos lugares, pueden claramente ver y escuchar de la obra del Señor para que puedan sentir el amor del Señor y del Padre en mayor profundidad y dar gloria y gracias por siempre.

La gloria de los habitantes de la Nueva Jerusalén

La Nueva Jerusalén es el lugar más hermoso en el Cielo dado como recompensa a los que alcanzaron la santificación en sus corazones y fueron fieles en toda la casa de Dios. Apocalipsis 21:24-26 nos dice qué clase de personas reciben la gloria de entrar a la Nueva Jerusalén:

> *"Y las naciones que hubieren sido salvas andarán a la luz de ella; y los reyes de la tierra traerán su gloria y honor a ella. Sus puertas nunca serán cerradas de día, pues allí no habrá noche. Y llevarán la gloria y la honra de las naciones a ella".*

Las naciones andarán en su luz

En este versículo 'las naciones' se refiere a todas las personas que son salvas sin tener en cuenta su procedencia étnica. Aunque las nacionalidades, razas y otros atributos de las personas son diferentes entre sí, al llegar a ser salvos a través de Jesucristo, todos llegan a ser hijos de Dios con la ciudadanía del reino celestial.

Por consiguiente, la frase 'las naciones andarán a la luz de ella' significa que todos los hijos de Dios caminarán en la luz de la gloria de Dios. Sin embargo, no todos los hijos de Dios tendrán el privilegio de entrar libremente en la Nueva Jerusalén. Esto sucede porque los que están en el Paraíso, el primero, segundo o tercer Reino de los Cielos pueden entrar a la Nueva

Jerusalén sólo con motivo de una invitación. Solamente los que se santificaron completamente y fueron fieles en toda la casa de Dios pueden tener el honor de ver a Dios el Padre cara a cara en la Nueva Jerusalén por siempre.

Los reyes de la tierra traerán su gloria

La frase 'los reyes de la tierra' se refiere a los que fueron líderes espirituales en este mundo. Ellos resplandecen como las doce piedras preciosas de los doce cimientos de los muros de la Nueva Jerusalén y tienen las condiciones para habitar perpetuamente en la ciudad. De modo similar, los que son reconocidos por Dios, cuando estén de pie delante de Él, traerán las ofrendas que han preparado con todo su corazón. Por 'ofrendas' quiero decir todo con lo cual dieron gloria a Dios con sus corazones que son puros y limpios como el cristal.

Por consiguiente, 'los reyes de la tierra traerán su gloria a ella' significa que prepararán como ofrendas todas las cosas que han trabajado arduamente para el reino de Dios y dado gloria a Él, y entrarán a la Nueva Jerusalén con ellas.

Los reyes de la Tierra dan ofrendas a los reyes de naciones más grandes y más fuertes a manera de elogiarlos, pero la ofrenda a Dios se da con gratitud por haberlos conducido al camino de la salvación y a la vida eterna. Dios recibe esta ofrenda con alegría y los recompensa con el honor de permanecer por siempre en la ciudad de la Nueva Jerusalén.

En la Nueva Jerusalén no hay oscuridad porque Dios, quien es la luz, está allí. Puesto que no hay noche, maldad, muerte o robo, no es necesario cerrar las puertas de la Nueva Jerusalén. No obstante, la razón por la cual la Escritura dice 'de día' es porque sólo tenemos limitado conocimiento y capacidad para entender completamente el Cielo.

Traer la gloria y el honor de las naciones

Pero, ¿qué significa la frase 'y llevarán la gloria y la honra de las naciones a ella'? Aquí se hace referencia a todos los que han recibido la salvación de entre todas las naciones de la Tierra y el hecho de 'llevar la gloria y el honor de las naciones a ella' significa que estas personas entrarán a la Nueva Jerusalén con las cosas con las cuales dieron gloria a Dios, al emanar el aroma de Jesucristo cuando estuvieron en este mundo.

Cuando un niño estudia bastante y sus notas empiezan a subir, es motivo de honra y satisfacción para sus padres. Estarán gozosos con él porque se sentirán orgullosos del esforzado trabajo de su hijo, aunque no haya sacado las calificaciones más altas. Del mismo modo, de acuerdo al grado que obremos con fe para el reino de Dios en este mundo, emitimos el aroma de Jesucristo y damos gloria a Dios, y Él recibe esto con gozo.

Se mencionó anteriormente que 'los reyes de la tierra traerán su gloria a ella', y las razones por las que dice 'reyes de la tierra' primero son para mostrar el orden espiritual o rango en el cual las personas se presentan delante de Dios.

Los que son calificados para habitar en la Nueva Jerusalén por siempre con la gloria como la del sol se presentarán delante de Dios primero, seguidos luego por los que son salvos de todas las naciones con la gloria correspondiente. Debemos entender que si no tenemos las condiciones para vivir en la Nueva Jerusalén para siempre, podemos visitar la ciudad sólo ocasionalmente.

Los que nunca entran a la Nueva Jerusalén

El Dios de amor quiere que todos reciban la salvación y recompensa a cada uno con una morada y galardones en el Cielo de acuerdo a sus obras. Por eso es que los que no tengan las condiciones necesarias para entrar a la Nueva Jerusalén entrarán al tercero, segundo o primer Reino de los Cielos, o al Paraíso de acuerdo a la medida de su fe. Dios celebra banquetes especiales y los invita a la Nueva Jerusalén para que también puedan disfrutar de la majestuosidad de la ciudad.

Sin embargo, usted puede ver que hay algunas personas que nunca podrán entrar a la Nueva Jerusalén a pesar de que Dios quiere tener misericordia de ellos. Es decir, los que no recibieron salvación nunca podrán ver la gloria de la Nueva Jerusalén.

"No entrará en ella ninguna cosa inmunda, o que hace abominación y mentira, sino solamente los que están inscritos en el libro de la vida del Cordero" (Apocalipsis 21:27).

El término 'inmundo' mencionado aquí se refiere al hecho de juzgar y condenar a los demás, y estar descontento buscando sus propios intereses y beneficios. Esta clase de persona asume el papel de un juez y condena a otros de acuerdo a su propio criterio, en vez de tratar de comprenderlos. 'Abominación' en esta parte se refiere a todas las obras que provienen del corazón impuro en forma falsa y engañosa. Puesto que tales personas tienen corazones y mentes inciertos e inconstantes, sólo agradecen cuando reciben las respuestas a sus oraciones, pero rápidamente se quejan y lamentan si enfrentan dificultades. Similarmente, los que tienen corazones abominables, engañan sus conciencias, y no dudan en cambiar de opinión en busca de sus propios intereses.

Una persona 'mentirosa' es la que se engaña a sí misma y a su conciencia, y tenemos que saber que esta clase de engaño se convierte en una trampa de Satanás. Hay algunos que están acostumbrados a mentir por cualquier cosa y otros que mienten para el beneficio de los demás. Pero Dios quiere que nos despojemos incluso de esta clase de mentiras. Hay algunos que lastiman a otros dando falso testimonio, y esta clase de personas que engañan a los demás con intenciones perversas no serán salvas. Además, los que mienten al Espíritu Santo o en la obra de Dios son considerados también 'mentirosos'. Judas Iscariote, uno de los doce discípulos de Jesús, estaba a cargo de la bolsa de dinero y siguió engañando en la obra de Dios al robar del tesoro y cometiendo otros pecados. Cuando Satanás finalmente entró en él, vendió a Jesús por treinta piezas de plata y fue eternamente excluido.

Hay algunas personas que ven cómo los enfermos reciben sanidad de Dios y cómo los demonios son echados fuera por el Espíritu Santo por el poder de Dios, pero aún así niegan estas obras y, por el contrario, dicen que son las obras de Satanás. Estas personas no pueden entrar al Cielo porque blasfeman y hablan contra el Espíritu Santo. No debemos decir ninguna mentira en ninguna circunstancia delante de Dios que todo lo ve.

Ser borrados del Libro de la Vida

Cuando somos salvos por la fe, nuestros nombres son escritos en el Libro de la Vida del Cordero (Apocalipsis 3:5). No obstante, esto no significa que todos los que ha aceptado a Jesucristo serán salvos. Podemos realmente ser salvos solamente cuando actuemos de acuerdo a la Palabra de Dios y nos asemejemos al corazón de Dios al purificar nuestros corazones. Si todavía actuamos en la mentira aún después de aceptar a Jesucristo, nuestros nombres serán borrados del Libro de la Vida y al final ni siquiera recibiremos salvación.

Sobre esto, Apocalipsis 22:14-15 nos dice que son bienaventurados los que lavan sus ropas, pero los que no hacen esto no serán salvos:

> *"Bienaventurados los que lavan sus ropas, para tener derecho al árbol de la vida, y para entrar por las puertas en la ciudad. Mas los perros estarán fuera, y los hechiceros, los fornicarios, los homicidas, los idólatras, y todo aquel que ama y hace mentira".*

'Los perros' aquí se refiere a los que viven practicando la mentira y falsedad. Los que no se vuelven de sus malos caminos sino que siguen practicando el mal nunca podrán ser salvos. Son como un perro que regresa a su vómito y como la puerca recién lavada que regresa a revolcarse en el lodo. Esto pasa porque aparentemente se han despojado de su maldad, pero vuelven a practicar las obras de maldad, y parece que han mejorado, pero en realidad han regresado al mal.

Sin embargo, Dios reconoce la fe de los que se esfuerzan por hacer lo bueno aunque todavía no puedan actuar completamente de acuerdo a la Palabra de Dios. Al final serán salvos porque aún están cambiando y Dios considera su esforzada fe.

Los 'hechiceros' son los que practican abominación e instan a otros a adorar falsos dioses. Esto es algo muy abominable ante Dios.

Cualquiera que sea 'fornicario' comete adulterio aunque tenga esposo o esposa. No existe solamente el adulterio físico sino también el adulterio espiritual, lo cual significa amar cualquier cosa más que a Dios. Si una persona que tuvo uno claro encuentro con el Dios viviente y entendió Su amor, luego se aparta para amar las cosas de este mundo tales como el dinero o a su familia más que a Dios, comete adulterio espiritual y esto no es correcto delante de Dios.

Los 'homicidas' cometen asesinatos físicos o espirituales. Si usted conoce el significado espiritual de 'homicida', probablemente no podría decir con plena seguridad que no ha matado a alguien. Un asesino espiritual ocasiona que los hijos de Dios pequen y pierdan su vida espiritual (Mateo 18:7). Si uno causa algún malestar a otros con cualquier cosa que esté en contra de la verdad, también eso es homicidio espiritual (Mateo 5:21-

22).

Además, todas las prácticas a continuación son asesinatos espirituales: odiar, envidiar y estar celoso, juzgar, condenar, discutir, molestarse, estafar, mentir, crear contiendas y divisiones, maldecir y no tener amor y misericordia (Gálatas 5:19-21). A veces, sin embargo, hay algunas personas que tropiezan y se apartan por causa de su propia maldad. Por ejemplo, si abandonan a Dios por que están decepcionados por alguien en la iglesia, es a causa de su propia maldad. Si verdaderamente hubieran creído en Dios, nunca habrían tropezado.

También, la 'idolatría' es una de las cosas que Dios más abomina. En la idolatría hay adoración física y espiritual de ídolos. La adoración física de ídolos es hacer un dios en cualquier forma como una imagen y adorarlo (Isaías 46: 6-7). La idolatría espiritual es cualquier cosa que usted ame más que a Dios. Si uno ama a su cónyuge o hijos más que a Dios en busca de sus propios deseos, o infringe los mandamientos de Dios amando el dinero, fama o el conocimiento más que a Dios, esto es idolatría espiritual.

Esta clase de personas, sin importar cuánto puedan decir 'Señor, Señor' y asistan a la iglesia, no pueden ser salvos ni entrar al Cielo porque no aman a Dios.

Por lo tanto, si usted aceptó a Jesucristo, recibió el Espíritu Santo como un regalo de Dios y su nombre está registrado en el Libro de la Vida del Cordero, por favor recuerde que puede entrar al Cielo y avanzar hacia la Nueva Jerusalén solamente cuando viva de acuerdo a la Palabra de Dios.

La Nueva Jerusalén es el lugar donde solamente pueden entrar aquellos que están completamente santificados en sus corazones y son fieles en toda la casa de Dios.

Por un lado, los que entren en la Nueva Jerusalén pueden ver a Dios cara a cara, hablar con el Señor con toda libertad y disfrutar de honor y gloria inimaginables. Por otro lado, los que permanecen en el Paraíso, el primero, segundo y tercer Reino de los Cielos pueden visitar la ciudad de la Nueva Jerusalén solamente cuando son invitados a banquetes especiales incluyendo los que son celebrados por Dios el Padre.

Lo bendigo en el nombre del Señor para que pueda llegar a ser un verdadero hijo de Dios que pelee la buena batalla contra el pecado y el mal hasta la sangre, alcance la santificación en el corazón, y sea fiel en toda la casa de Dios para que pueda vivir en la Nueva Jerusalén por siempre.

Capítulo 8

"Vi la santa ciudad, la Nueva Jerusalén"

"Bienaventurados sois cuando por mi causa
os vituperen y os persigan,
y digan toda clase de mal contra vosotros, mintiendo.
Gozaos y alegraos, porque vuestro galardón
es grande en los cielos;
porque así persiguieron a los profetas
que fueron antes de vosotros".

- Mateo 5:11-12

En la ciudad de la Nueva Jerusalén, las casas celestiales se están construyendo para que las personas cuyos corazones se asemejan completamente al corazón de Dios vivan en ellas. Los arcángeles y ángeles a cargo de la construcción, con el Señor como supervisor, construyen las casas de acuerdo a las preferencias de cada propietario. Este es un privilegio del que solamente pueden disfrutar aquellos que entran a la Nueva Jerusalén. A veces, Dios mismo da una orden a un arcángel para que construya una casa específicamente para cierta persona de modo que pueda ser hecha exactamente de acuerdo con los gustos del propietario.

Dios no olvida ni siquiera una lágrima que Sus hijos derramaron por Su reino y los recompensa con hermosas y preciadas piedras preciosas.

Como encontramos en Mateo 11:12, Dios nos dice claramente que de acuerdo a la medida en que venzamos en las luchas espirituales y maduremos en la fe, podremos poseer un lugar más hermoso en el Cielo:

"Desde los días de Juan el Bautista hasta ahora, el reino de los cielos sufre violencia, y los violentos lo arrebatan".

El Dios de amor, por muchos años, ha estado motivándonos para arrebatar el Reino de los Cielos con violencia, revelando las casas celestiales de la Nueva Jerusalén claramente. Y las ha dado a conocer porque falta muy poco para que el Señor, quien fue a preparar un lugar para nosotros, regrese.

Espero que al visualizar las casas celestiales que tienen el toque de Dios mismo, entienda el amor de Dios, quien nos recompensa con justicia y considerando todas nuestras obras al mínimo detalle.

Moradas celestiales de tamaños inimaginables

En la Nueva Jerusalén hay muchas casas hermosas de tamaños inimaginables. Entre ellas, hay una hermosa y magnífica casa construida en una gran área. En el centro hay un imponente y hermoso castillo de tres pisos en forma circular, y alrededor del castillo hay muchos edificios y cosas para disfrutar o las clases de juegos mecánicos que se encuentran en un parque de diversiones para hacer que este lugar luzca como una importante y hermosa atracción. ¡Lo que es muy sorprendente es que esta morada celestial semejante a una ciudad pertenece a una persona cultivada en este mundo!

"Dichosos los humildes, porque heredarán la tierra prometida".

Si tuviéramos gran poder adquisitivo en la Tierra, podríamos comprar un gran terreno y construir una hermosa casa de acuerdo a nuestro gusto. No obstante, en el Cielo, no podemos comprar ningún terreno ni construir ninguna casa aunque tengamos mucha riqueza, porque Dios nos da el terreno o las casas como recompensa de acuerdo a nuestras obras.

Mateo 5:5 (DHH) dice: *"Dichosos los humildes, porque heredarán la tierra prometida"*. Dependiendo de cuánto nos asemejemos al Señor y alcancemos la mansedumbre espiritual en este mundo, podemos 'heredar la tierra prometida' en el Cielo. Esto se debe a que alguien que es espiritualmente manso puede aceptar a toda clase de personas y pueden venir a él y encontrar descanso y bienestar. Una persona así estaría en paz con todos en cualquier situación ya que su corazón es muy compasivo y tierno.

No obstante, si nos comprometemos con el mundo y actuamos en contra de la verdad a fin de llevarnos bien con otras personas, de ninguna manera se trataría de 'mansedumbre espiritual'. Alguien que es realmente manso no solamente puede abrazar a muchas personas con un corazón tierno y afectuoso, sino que también puede ser lo suficientemente valiente y firme como para arriesgar incluso su vida por la verdad.

Esta clase de persona puede ganar los corazones de muchos y conducirlos al camino de la salvación y a un mejor lugar en Cielo porque tiene amor y ternura. Es por eso que puede poseer una morada grandiosa en el Cielo. Por lo tanto, la casa descrita a continuación pertenece a una persona que tiene verdadera mansedumbre.

Una casa semejante a una ciudad

En el centro de esta casa hay un enorme castillo decorado con muchas piedras preciosas y oro. El techo es de cornalina en forma circular y brilla muy intensamente. Alrededor de este resplandeciente castillo fluye el Río de Agua de Vida que proviene del trono de Dios y la presencia de muchos edificios hace que se vea como una gran metrópoli. También, hay juegos mecánicos como los de los parques de diversiones, decorados con oro y muchas piedras preciosas.

A un costado del espacioso terreno hay gran cantidad de árboles, una llanura y un gran lago, y en el otro lado hay vastas colinas con diversas clases de flores y cascadas. También hay un mar sobre el cual un inmenso crucero como el *Titanic* está a flote y navega por todas partes.

Ahora hagamos un recorrido por esta majestuosa casa. Hay

doce puertas en cada uno de los cuatro lados, y pasemos por la puerta principal desde donde se puede ver el castillo principal en el centro.

Esta puerta está decorada con muchas piedras preciosas y es vigilada por dos ángeles. Son masculinos y parecen ser muy fuertes. Están de pie y no pestañean, y su imponente majestad los hace ver muy difíciles de acercárseles.

A cualquiera de los costados de la puerta se levantan grandes y hermosas columnas en forma circular. Las paredes decoradas con muchas piedras preciosas y flores parecen no tener fin. Al entrar por la puerta que se abre por sí sola siendo llevado por ángeles, se puede ver de lejos el enorme castillo con un techo rojo que refleja hermosas luces sobre uno.

Asimismo, al observar tantas casas de diferentes tamaños decoradas con diversas piedras preciosas, usted no puede evitar sentirse profundamente conmovido por el amor de Dios que lo recompensa 30, 60, o 100 veces más de lo que ha hecho y ofrecido para Su reino. Se siente agradecido porque Él dio a Su Unigénito Hijo para conducirlo al camino de la salvación y la vida eterna. Aparte de esto, Dios también ha preparado para usted estas hermosas casas celestiales, y su corazón estará rebosante de gratitud y gozo.

También, al escuchar un sonido suave, claro y hermoso de alabanza por todas partes del castillo, una paz inefable y felicidad embargan su espíritu y lo llenan de emoción:

De lo más profundo de mi espíritu esta noche
Fluye una melodía más suave que un salmo;

Semejante a música celestial que incesantemente suena
En mi alma como una calma infinita.

¡Paz! ¡Paz! Maravillosa Paz
¡Que desciende desde lo alto del Padre!
inunda mi espíritu por siempre, y elevo mi oración
en insondables olas de amor.

Caminos de oro semejantes al cristal

Ahora vayamos por el camino de oro al gran castillo que está
en el centro. Al ingresar por la entrada principal, a cualquiera
de los lados hay árboles de oro y piedras preciosas con frutas
de piedras preciosas muy llamativas que dan la bienvenida a los
visitantes, quienes entonces toman una fruta. Esta se derrite en la
boca y es tan deliciosa que todo el cuerpo se vigoriza y se llena de
gozo.

A ambos lados de los caminos de oro, flores de muchos
colores y tamaños dan la bienvenida y saludan a los visitantes
con su fragancia. Detrás de estos hay un césped dorado y muchas
clases de árboles que forman un hermoso jardín. Las flores con
los hermosos colores del arco iris parecen emitir luces, y cada flor
produce su propio perfume especial. Insectos como mariposas
con los colores del arco iris se posan sobre algunas de estas flores
y platican entre ellos. Los árboles tienen muchas frutas apetitosas
entre sus ramas y hojas resplandecientes. Muchas clases de aves
con plumas de color dorado se posan sobre los árboles y cantan
creando una escena muy tranquila y feliz. También hay algunos

animales que caminan libremente.

Un automóvil tipo nube y un carruaje dorado

Ahora estamos en la segunda puerta. La casa es tan grande que hay otra puerta dentro de la puerta principal. Aquí hay una extensa área que se parece a un garaje en el que muchos automóviles tipo nube y un carruaje dorado están estacionados y uno se siente sobrecogido de emoción ante esta increíble escena.

Este carruaje decorado con grandes diamantes y piedras preciosas, es para el propietario de esta casa y tiene un solo asiento. Cuando está en movimiento, brilla de la misma manera que una estrella fugaz porque tiene muchas piedras preciosas resplandecientes, y su velocidad es mucho más rápida que la del automóvil tipo nube.

Cada automóvil tipo nube está rodeado de nubes de un color blanco puro y de hermosas luces de muchos colores y tiene cuatro ruedas y alas. El vehículo se desplaza sobre sus ruedas estando en el suelo, y cuando vuela, las ruedas se retractan automáticamente y las alas se extienden de modo que puede correr y volar libremente.

¡Cuán grande será la autoridad y el honor de viajar a muchos lugares del Cielo con el Señor en automóviles de nube, acompañados por huestes celestiales y ángeles! Si un automóvil tipo nube es dado a cada persona que entra en la Nueva Jerusalén, ¿puede imaginarse cuánto ha sido recompensado el propietario de esta casa puesto que hay muchísimos automóviles de nube en su garaje?

Un enorme castillo en el centro

Cuando llegamos al imponente y hermoso castillo en un automóvil tipo nube, se puede ver un edificio de tres pisos con techo de cornalina. Este edificio es tan enorme que no se puede comparar con ningún edificio en la Tierra. Da la impresión de que todo el castillo está girando, emitiendo luces, y estas luces hacen que el castillo parezca cobrar vida. El oro puro y el jaspe emiten resplandecientes luces nítidas y transparentes con matices de color azul. Sin embargo, no es totalmente transparente, y se asemeja a una escultura de una sola pieza. Las paredes externas y flores alrededor de estas paredes producen deliciosos aromas para aumentar la felicidad y el gozo que no se puede describir con palabras. Las flores de diferentes tamaños también forman parte de este panorama espectacular y sus diferentes formas y aromas hacen una excelente combinación.

¿Cuál es la verdadera razón por la que Dios ha concedido un terreno tan vasto y una majestuosa y hermosa morada? Es porque Dios nunca pasa por alto ni olvida nada de lo que Sus hijos hicieron por Su reino y Su justicia al estar en este mundo, y los recompensa en abundancia.

Me regocijo en mi amado una y otra vez.
Quien me amó mucho
Y dio todo de sí.
Me amó más que a sus padres y hermanos,
No escatimó a sus propios hijos,
consideró su vida de ningún valor

y renunció a ella por mí.

Siempre puso su mirada en mí.

Prestó completa atención a mi Palabra.

Solamente buscó darme la gloria.

Solamente mostró agradecimiento

aun cuando estaba sufriendo injustamente.

Incluso en persecuciones,

Oró con amor por aquellos que lo persiguieron.

Nunca dio la espalda a nadie

Aunque fue traicionado.

Llevó a cabo sus deberes con gozo

incluso cuando pasó por insoportables aflicciones.

Y llevó a la salvación a muchas almas

y obedeció toda mi voluntad,

mostrando mi corazón.

Puesto que cumplió mi voluntad y me demostró mucho amor,

le he preparado

esta grandiosa y magnífica morada en la Nueva Jerusalén.

Un castillo magnífico con completa privacidad

Como pueden ver, los toques de Dios están presentes, especialmente en las moradas de aquellos a quienes Dios ama mucho. Por lo tanto, esas casas tienen niveles diferentes de belleza y luz de gloria incluso entre las demás moradas de la Nueva Jerusalén.

El gran palacio en el centro es el lugar donde el dueño puede disfrutar de completa privacidad. Con esto se compensan sus obras y oraciones sinceras por alcanzar el reino de Dios y el hecho de haber cuidado de las almas día y noche sin haber podido disfrutar de una vida privada.

La estructura general de este castillo tiene una morada principal en el centro, y el castillo tiene dos capas de muros. Hay un muro adicional en la parte central entre la casa principal en el centro y el muro exterior. Por lo tanto, todo el castillo está dividido en un castillo interno y un castillo externo, que van desde la casa principal al muro central y desde el muro central hasta el muro externo respectivamente.

Por ende, para llegar a la casa principal de este castillo, se debe atravesar la puerta principal y luego otra puerta en el muro central. En el muro externo hay muchas puertas, y la puerta que está alineada con el frente de la casa principal es la puerta principal, la misma que está decorada con varias piedras preciosas y dos ángeles la resguardan. Los dos ángeles tienen rostro masculino y se ven muy fuertes. Mientras están en guardia, ni siquiera mueven sus ojos, y podemos sentir su dignidad.

A ambos lados de la puerta principal se encuentran grandes pilares cilíndricos. Los muros están decorados con piedras preciosas y flores, y son tan largos que no se alcanza a ver su fin. Al ser guiados por los ángeles se ingresa por la puerta principal que se abre de manera automática y las luces brillantes y hermosas resplandecen sobre uno. Hay además un camino de oro que es como cristal que se extiende directamente a la puerta principal.

Al caminar por el camino dorado se llega a la segunda puerta, la cual está ubicada en el muro central que separa el castillo interior del castillo externo. Al pasar esta segunda puerta hay un lugar semejante a un estacionamiento de gran tamaño como los de la Tierra. Aquí se encuentran estacionados numerosos automóviles tipo nube, y entre ellos está también el carruaje dorado.

La casa principal de este castillo es tan grande como las construcciones más grandes de este mundo. Se trata de un edificio de tres pisos, cada uno con forma cilíndrica y cuya área se hace cada vez más pequeña mientras se sube de piso en piso. El techo es como una cúpula en forma de cebolla.

Las paredes de la casa principal están hechas de oro puro y jaspe, por lo que la luz azulada y la luz dorada clara y transparente emanan sus luces magníficas en armonía. La luz es tan fuerte que parece que la casa misma tiene vida y movimiento. Todo el edificio emana luces brillantes y parece que gira lentamente.

¡Entremos ahora al gran castillo!

Las doce puertas para entrar a la casa principal del castillo

Esta casa principal tiene doce puertas para entrar. Debido a que el tamaño de la casa principal es tan grande, la distancia entre una puerta y otra es extensa. Las puertas tienen forma de arco y cada una tiene grabada el gráfico de una llave. Bajo este gráfico está escrito el nombre de la puerta en alfabeto celestial. Estas letras están escritas con piedras preciosas; cada puerta está decorada con un tipo de piedra preciosa respectivamente.

Debajo de las letras está la explicación del nombre de la puerta. Dios el Padre ha condensado lo que el dueño de la casa ha hecho en este mundo y lo ha expresado en las doce puertas.

La primera es la 'Puerta de la Salvación'. Su explicación respecta cómo su dueño llegó a ser un pastor de muchas personas y cómo guió a la salvación a innumerables almas en el mundo entero. Luego está la 'Puerta de la Nueva Jerusalén'; bajo su nombre se explica que su dueño guió a muchas almas hacia la Nueva Jerusalén.

A continuación están las 'Puertas del Poder'. Primero están cuatro puertas que corresponden a los cuatro niveles de poder, y luego está la 'Puerta del poder de creación' y la 'Puerta del Altísimo poder de la creación'. Sobre estas puertas se explica cómo cada tipo de poder sanó a muchas personas y glorificó a Dios.

La novena puerta es la 'Puerta de Revelación', la cual explica que su dueño recibió mucha revelación y explicó la Biblia con claridad. La décima es la 'Puerta del Cumplimiento', la cual conmemora los logros alcanzados, tales como la construcción del Gran Santuario.

La undécima es la 'Puerta de la Oración'. Esta puerta explica cómo su dueño oró con toda su vida a fin de cumplir con la voluntad de Dios con su amor por Él y cómo gimió y oró por las almas.

La última y duodécima puerta es la que simboliza la 'Victoria contra el enemigo diablo y Satanás'. Expresa que el dueño superó todo con fe y amor cuando el enemigo diablo y Satanás intentó lastimarlo o hacerlo caer en desesperación.

Dedicatorias y diseños especiales en las paredes

Las paredes, hechas de oro puro y jaspe, están llenas de diseños con letras y dibujos que emiten sonidos. Cada detalle acerca de las persecuciones y burlas que uno soportó por causa del reino de Dios y todas las obras con las que glorificó al Señor están registradas. Lo que es más sorprendente es que Dios mismo las escribió en forma de poema y las letras emiten luces hermosas y resplandecientes. El castillo tiene doce puertas para que las personas puedan entrar por los cuatro lados, y hay un secreto incrustado en cada puerta. Hay llaves de fe, amor, evangelización, etcétera, y una llave diferente está insertada en cada cerradura.

Si usted entra en el castillo después de pasar por una de estas puertas, puede ver objetos que son mucho más hermosos que los que había visto afuera. Las luces de las piedras preciosas se mezclan entre sí produciendo un hermoso espectáculo.

Las dedicatorias acerca de las lágrimas que el propietario de la casa derramó, su empeño y esfuerzo en la Tierra están esculpidos en las paredes interiores también y producen luces muy brillantes. Los momentos de sus fervientes oraciones durante la noche por el reino de Dios y el aroma puro de su entrega por las almas como una ofrenda que se derrama están grabados como un poema y proyectan hermosas luces.

Sin embargo, Dios el Padre ha escondido la mayoría de los detalles que tienen estas inscripciones de modo que Él mismo pueda mostrarlos al propietario cuando llegue a este lugar. Esto es con el propósito de que Dios pueda recibir su corazón que glorifica al Padre con profunda emoción y lágrimas cuando le muestre lo que Él ha escrito, diciéndole: "Esto es lo que he preparado para ti".

Incluso en este mundo, cuando se ama a alguien, algunas personas repetidamente escriben el nombre de su ser amado en cuadernos, en diarios, en la playa o lo esculpen sobre árboles o lo tallan sobre las rocas. No saben cómo expresar su amor, por eso simplemente escriben el nombre de la persona que aman.

De manera similar, hay una placa dorada cuadrada que tiene frases de solo tres palabras: 'Padre, Señor y yo', 'Padre, Señor y yo', 'Padre, Señor y yo'. El dueño de esta morada no pudo expresar su amor por el Padre y el Señor simplemente con palabras; de esta manera expresó su corazón.

Reuniones y banquetes en el primer piso

El acceso a este castillo está restringido y sólo está abierto en ocasiones cuando se celebran banquetes o reuniones especiales. Hay un salón muy grande en donde muchas personas pueden reunirse y celebrar banquetes. También es usado como un lugar de reunión en el cual el propietario comparte su amor y gozo, teniendo conversaciones con los invitados.

El salón es de forma circular y muy grande que no se puede ver dónde empieza o termina. El piso es de un color blanquecino y muy suave. Tiene muchas piedras preciosas y un gran resplandor. En medio del salón hay una araña de luces de tres niveles para realzar la majestad de la habitación y hay más arañas de oro de diferentes tamaños a los lados de las paredes para aumentar la belleza del lugar. También, en el centro hay un estrado circular, y muchas mesas están colocadas en varias filas a su alrededor. Los invitados toman sus asientos en debido orden y conversan amigablemente.

Todas las decoraciones dentro del edificio están hechas de acuerdo a las preferencias del propietario, y sus luces y formas son muy hermosas y delicadas. Cada piedra preciosa tiene el toque de Dios y es un gran honor ser invitado a este banquete celebrado por el dueño de esta casa.

Habitaciones que guardan secretos y salones de recepción en el segundo piso

En el segundo piso de este gran castillo hay muchas habitaciones que Dios da como recompensa de acuerdo con las obras del propietario. Cada habitación guarda un secreto, el cual será revelado en su totalidad solamente en el Cielo. Una de las habitaciones tiene innumerables coronas de diferentes clases, como si fuera un museo. Muchas coronas, entre ellas una corona de oro, una corona con adornos de oro, una corona de cristal, una corona de perlas, una corona decorada de flores y muchas coronas más adornadas con diversas clases de piedras preciosas están colocadas elegantemente. Estas coronas son otorgadas como recompensa por cada vez que el propietario trabajó por el reino de Dios y le dio gloria estando en la Tierra; sus tamaños, formas, materiales y adornos difieren unas de las otras para resaltar la diferencia de honra. También hay grandes habitaciones que sirven para guardar la ropa y los adornos hechos de piedras preciosas y los ángeles se encargan de tener todo en orden con especial cuidado.

También hay una habitación muy ordenada de forma cuadrada y sin muchos adornos, llamada 'habitación de la oración'. Es dada porque el propietario ha ofrecido mucha oración en este mundo. Además hay otra habitación con varios televisores, la que se denomina 'habitación de la agonía y el lamento' y aquí uno puede mirar todas las cosas de su vida terrenal cada vez que lo desee. Dios ha preservado cada momento y evento de su vida porque sufrió tremendamente mientras llevaba a cabo la obra y el ministerio de Dios y derramó muchas lágrimas por las almas.

También hay un lugar bellamente decorado para recibir a los profetas en el segundo piso, en donde el propietario puede mostrar su hospitalidad y conversar amigablemente con ellos. Puede conocer a profetas tales como Elías, quien subió al Cielo en una carroza y caballos del fuego; a Enoc, quien caminó con Dios durante 300 años; a Abraham, quien agradó a Dios con fe; a Moisés, quien era más humilde que todos en la faz de la Tierra, al siempre muy apasionado Apóstol Pablo, y así sucesivamente, y disfrutar conversaciones con ellos sobre sus vidas y circunstancias en la Tierra.

El tercer piso está reservado para compartir amor con el Señor

El tercer piso de este castillo está decorado en forma muy

especial para recibir al Señor y sostener hermosas conversaciones todo el tiempo posible. Esto es concedido porque la persona que vive en esa casa amó al Señor más que a nadie y se esforzó por imitar Sus obras leyendo los Cuatro Evangelios, y sirvió y amó a todos de la misma forma en que el Señor había servido a sus discípulos. Además, oró con muchas lágrimas para guiar a innumerables almas al camino de la salvación recibiendo el poder de Dios como lo hizo el Señor Jesús y en realidad dio a conocer innumerables evidencias del Dios viviente. Siempre que meditaba en el Señor, derramó lágrimas y muchas noches no pudo dormir porque extrañaba al Señor con bastante anhelo. También, al igual que el Señor oró toda la noche, esta persona pasó toda la noche en oración muchas veces e hizo todo lo posible para cumplir el reino de Dios a cabalidad.

¡Qué contento y feliz estará cuando pueda conocer al Señor cara a cara y compartir su amor con Él en la Nueva Jerusalén!

¡Puedo ver a mi Señor!
Puedo poner la luz de Sus ojos en los míos,
puedo poner su tierna sonrisa en mi corazón,
y todo esto es motivo de gran gozo para mí.

¡Mi Señor, cuánto te amo!
Has visto toda mi vida
y todo lo sabes.
Ahora me gozo en gran manera
al poder confesarte mi amor.
¡Te amo, Señor!

Te extrañé tanto.

Nunca nos cansaremos de conversar con el Señor.

Dios el Padre, que recibió este amor, decoró el interior, los adornos y las piedras preciosas muy bellamente en el tercer piso de esta magnífica casa. El cuidado en su construcción y su esplendor no puede describirse con palabras, y el resplandor de las luces es especial. Asimismo, al contemplar las casas del Cielo, uno puede sentir la justicia y el tierno amor de Dios que nos recompensa de acuerdo con nuestras obras.

Bellas atracciones del Cielo

¿Qué más hay alrededor del gran castillo? Si tratamos de describir minuciosamente esta casa semejante a una ciudad, sería necesario escribir un libro. Alrededor del castillo hay un jardín grande y muchas clases de edificios que están bellamente decorados y alineados en perfecta armonía. Algunas instalaciones, tales como una piscina, un parque de diversiones, casas de campo y un teatro de ópera hacen que esta casa se vea como una importante atracción turística.

Dios recompensa todo de acuerdo a nuestras obras

La razón por la que el propietario puede obtener esta clase de casa con tantas instalaciones es porque dedicó todo su cuerpo, mente, tiempo y dinero a Dios mientras se encontraba en este mundo. Dios recompensa todo lo que esta persona hizo por el reino de Dios, incluyendo el hecho de llevar muchas almas al camino de la salvación y edificar la iglesia de Dios. Dios es lo suficientemente poderoso para darnos no solo lo que pedimos sino también las peticiones de nuestro corazón. Podemos ver que la belleza y perfección de lo que Dios ha diseñado es mucho mayor que la de cualquier excelente arquitecto o diseñador en la Tierra, asimismo Dios puede mostrar la unidad y la variedad al mismo tiempo.

En este mundo, casi siempre podemos obtener cualquier cosa que queramos si tenemos suficiente dinero. En el Cielo, sin embargo, este no es el caso. No se puede comprar o alquilar una casa para poder vivir, ropa, piedras preciosas, coronas o incluso ángeles ministradores, sino que son dados solamente de acuerdo a la medida de nuestra fe y fidelidad al reino de Dios.

Como podemos leer en Hebreos 8:5 que dice: *"...los cuales sirven a lo que es figura y sombra de las cosas celestiales..."* este mundo es una réplica o reflejo del Cielo y la mayoría de animales, plantas, y todo lo demás que existe en la naturaleza se encuentra también en el Cielo. Estos son mucho más hermosos que los de la Tierra.

Exploremos ahora los jardines llenos de diversas flores y plantas.

Lugares para adoración y el Gran Santuario

En el centro del castillo hay un patio interior muy grande donde muchas flores y árboles crean un paisaje hermoso. A ambos lados del castillo hay lugares grandes para adorar, en los que la gente puede glorificar a Dios con alabanzas de vez en cuando. Esta morada celestial que es inimaginablemente enorme es como una famosa atracción turística equipada con muchas instalaciones, y ya que se requiere de un largo tiempo para que la gente visite sus alrededores, hay lugares de adoración donde ellos pueden reposar.

La adoración en el Cielo es totalmente diferente a la que acostumbramos en este mundo. No se está ligado a formalidades, sino que se puede glorificar a Dios con cánticos nuevos. Si usted canta de la gloria del Padre y del amor del Señor, será refrescado al recibir la llenura del Espíritu Santo, y luego tendrá emociones profundas en su corazón y se llenará de gratitud y gozo.

Además de estos santuarios, este castillo tiene un edificio que tiene la forma exacta de cierto santuario existente en este mundo. Mientras el dueño de este castillo estaba en la Tierra, recibió de parte de Dios la tarea de construir un santuario enorme y grande, y el mismo tipo de santuario está construido en la Nueva Jerusalén también.

De manera muy semejante a David en el Antiguo Testamento, el dueño de este castillo también anheló el Templo de Dios. Hay muchas edificaciones en el mundo, pero en realidad no hay ningún edificio que muestre la dignidad y gloria de Dios, algo por lo que él sintió mucha lástima.

Él tenía gran pasión por construir un santuario que fuera solo para Dios el Creador. Dios el Padre aceptó este anhelo del corazón y le explicó con gran detalle la forma, tamaño, decoración e incluso estructuras internas del santuario. Esto era algo imposible para el pensamiento humano, pero actuó solo con fe, esperanza y amor, y finalmente el Gran Santuario se construyó.

Este Gran Santuario no es simplemente un edificio que es inmenso y magnífico, sino que es el cristaloide de lágrimas de la energía de aquellos creyentes que amaron a Dios en verdad. Para que este santuario se pudiera construir se tuvieron que utilizar los tesoros del mundo. Se tuvo que conmover el corazón de los reyes de las naciones y lo que más se necesitó fueron las poderosas obras de Dios que sobrepasan la imaginación humana.

El dueño de este castillo superó todas las batallas espirituales difíciles por sí mismo y recibió este tipo de poder. Él creyó en Dios quien hace posible lo imposible solo con bondad, amor y obediencia. Oró continuamente y en consecuencia construyó el Gran Santuario que Dios aceptó con gran gozo.

Dios el Padre, al conocer estos hechos, también construyó una réplica de este Gran Santuario en el castillo de esta persona. Claro está que el Gran Santuario en el Cielo está construido con oro y piedras preciosas que son más hermosas que los materiales de la Tierra, sin comparación, aunque su forma es la misma.

Un salón de presentaciones semejante a la Casa de la ópera de Sydney

En este castillo hay un salón de presentaciones semejante a la Casa de la ópera de Sydney, Australia. Hay una razón especial por la cual Dios el Padre ha construido este salón de presentaciones en este castillo. Cuando el dueño de este castillo se encontraba en la Tierra, él organizó muchos equipos de presentaciones porque entendía que Dios se deleita en la alabanza, y de este modo glorificó a Dios el Padre en gran manera por medio de artes escénicas cristianas hermosas y llenas de gracia.

No fueron simplemente apariencias, destrezas y técnicas externas, sino que guió a los artistas de manera espiritual para que pudieran alabar a Dios con amor verdadero, desde el fondo del corazón. Él preparó a muchos artistas que lograron ofrecer a Dios el tipo de alabanza que Él acepta en realidad. Por esto, Dios el Padre construyó en este castillo un salón hermoso para artes escénicas para que estos artistas pudieran demostrar libremente sus habilidades conforme al deseo de su corazón.

Un gran lago se extiende frente a este edificio y parece que el edificio estuviera flotando sobre el agua. Cuando las fuentes de agua lanzan el agua del lago hacia arriba, las gotas de agua que caen emanan luces semejantes a piedras preciosas. El salón de presentaciones tiene un escenario espléndido decorado con muchos tipos de piedras preciosas y muchas sillas que esperan a la audiencia. Aquí, los ángeles hacen sus presentaciones vestidos en trajes hermosos.

Estos ángeles artistas danzan con vestidos que emiten luces de transparencia semejante a piedras preciosas brillantes como alas de libélulas. Cada uno de sus movimientos es perfecto y hermoso. Además hay ángeles que cantan y tocan instrumentos musicales; tocan melodías muy bellas y suaves con destreza y técnicas sofisticadas.

Sin embargo, a pesar de que las destrezas de los ángeles son muy buenas, el aroma de las alabanzas y danzas es muy distinto al de los hijos de Dios, ya que ellos tienen amor y gratitud profunda en sus corazones. Desde el corazón que se hizo hermoso por medio del cultivo de la humanidad sale el aroma que puede conmover a Dios el Padre.

Aquellos hijos de Dios que tienen la tarea de alabar a Dios en este mundo tendrán muchas oportunidades para glorificar a Dios con sus alabanzas en el Cielo también. Si un líder de alabanza ingresa a la Nueva Jerusalén, podrá ofrecer su alabanzas en el salón de presentaciones que es semejante a la Casa de la ópera de Sydney y las alabanzas que se harán en este lugar serán a veces transmitidas a todas las moradas en el reino celestial.

Por lo tanto, estar en la plataforma de este salón tan solo una vez será de gran honra.

Un puente de nube con los colores de arco iris

El río del Agua de Vida que brilla con luces plateadas fluye rodeando todo el castillo. Se origina en el trono de Dios y fluye alrededor de los castillos del Señor y del Espíritu Santo, de la Nueva Jerusalén, del tercero y segundo Reino de los Cielos, del Paraíso, y regresa al trono de Dios.

Las personas conversan con los peces de muchos colores hermosos al estar sentados sobre las arenas de oro y de plata en cualquier lado del Río del Agua de Vida. Hay asientos de oro a cada lado del río y hay árboles de vida a su alrededor. Estando sentando en estos asientos de oro y al observar las apetitosas frutas, si tan sólo piensa: "Ah, esas frutas se ven muy deliciosas", los ángeles que atienden y sirven a los hijos de Dios le traerán las frutas en un cesto de flores y amablemente se las entregarán.

También hay hermosos puentes de nube en forma de arco alrededor del Río de Agua de Vida. Al caminar sobre el puente de nube con los colores de arco iris y al contemplar el río que fluye lentamente bajo usted, se siente totalmente maravillado como si estuviese volando en el Cielo o caminando sobre el agua.

Cuando cruza el Río de Agua de Vida, hay un patio exterior con muchas clases de flores y césped de oro, y aquí usted se siente un poco diferente de la manera que se sintió en el patio interior.

Un parque de atracciones y un camino de flores

Cruzando el puente de nube hay un parque de atracciones que tiene varias clases de juegos mecánicos que usted nunca ha visto, ha oído hablar o se ha imaginado; incluso los mejores parques de atracciones de este mundo como Disneylandia no se pueden comparar con este parque de atracciones. Los trenes hechos de cristal corren alrededor del parque, uno de estos juegos mecánicos con modelos de barcos piratas hecho de oro y muchas piedras preciosas se mueven de un lado a otro, un carrusel gira con un ritmo alegre, y una gran montaña rusa se desliza deleitando a los que están allí. Cada vez que estos juegos mecánicos decorados con muchas piedras preciosas están en movimiento, emiten muchas clases de luces, y sólo el hecho de estar ahí hace que uno se sienta embargado por el alegre ambiente del festival.

A un lado del patio exterior hay un interminable camino de flores y todo este camino está cubierto de flores de modo que usted puede caminar sobre las flores mismas. El cuerpo glorificado es tan ligero que uno no puede sentir su peso y las flores no se deforman incluso si usted camina sobre ellas. Cuando uno pasa por este amplio camino de flores percibiendo los olores tan suaves de las flores, estas cierran sus pétalos como si fueran tímidas y se mueven de un lado a otro abriendo los pétalos ampliamente. Esta es una bienvenida y saludo especial. En los cuentos de hadas, las flores tienen sus propias caras y pueden conversar, y lo mismo sucede en el Cielo.

Usted estará totalmente feliz y emocionado de caminar sobre las flores y de disfrutar su aroma, y las flores se sienten felices y le agradecen por caminar sobre ellas. Cuando usted las pisa suavemente, emanan aún más aromas. Cada flor tiene un olor diferente y cada vez se mezclan de manera diferente de modo que pueda experimentar nuevas sensaciones cada vez que pase por ahí. Los caminos de flores están por todas partes como una hermosa pintura para aumentar la belleza de esta casa celestial. Del mismo modo, la casa de una persona es enorme y parece no tener fin, y contiene todo tipo de instalaciones.

Una gran llanura donde los animales juegan tranquilamente

Frente a los caminos de flores está una grande y amplia llanura y muchas clases de animales que usted pudo ver en la Tierra también están ahí. Por supuesto, puede ver muchos animales más en otros lugares del Cielo, pero en este lugar existen casi toda clase de animales, excepto los que se opusieron a Dios, como los dragones y serpientes. Este paisaje nos recuerda la vasta sabana africana; estos animales no salen de sus áreas aunque no hay ninguna valla y saltan y juegan libremente. Son más grandes que los animales de la Tierra y tienen colores más nítidos que brillan más intensamente. La ley de la selva no se aplica a estos animales aquí.

Todos los animales son dóciles; incluso los leones que son llamados 'rey de los animales' no son agresivos en absoluto sino muy mansos y su piel dorada es muy hermosa. Además, en el Cielo, usted puede conversar con los animales libremente. Sólo imagine disfrutar la belleza de la imponente naturaleza corriendo sobre la gran llanura paseando en leones o elefantes. Esto es algo que sólo sucede en cuentos de hadas pero es el privilegio dado a aquellos que son salvos y poseen el Cielo.

Una casa de campo personal y una silla dorada para descansar

Ya que la casa de esta persona es como una gran atracción turística en Cielo para que muchas personas puedan disfrutar, Dios dio al propietario una casa de campo especialmente para su uso privado. Esta casa de campo está en una colina pequeña y tiene una hermosa vista y está bellamente decorada. Nadie más puede entrar en esta casa porque es para uso privado. El dueño descansa a solas ahí o la usa para invitar a profetas como Elías, Enoc, Abraham y Moisés.

También hay otra casa de campo hecha de cristal y, a diferencia de los otros edificios, es muy brillante y transparente. Sin embargo, no se puede ver el interior desde afuera y no se puede entrar. Sobre el tejado de esta casa de cristal hay una silla giratoria dorada. Cuando el propietario se sienta, puede ver toda la casa de un vistazo superando el tiempo y el espacio. Dios la ha hecho especialmente para esa persona de modo que pueda sentir el gozo de ver tantas personas que visitan su casa, o simplemente para descansar.

Una colina de recuerdos y un camino de contemplación

El camino de contemplación, donde hay árboles de vida a ambos lados, es bastante tranquilo como si el tiempo se hubiese detenido. Cada vez que el dueño de la casa da un paso, la paz brota de lo profundo de su corazón y se acuerda de las cosas de la Tierra. Si piensa en el sol, la luna y las estrellas, una capa circular como una pantalla es colocada sobre su cabeza, y el sol, la luna y las estrellas aparecen. En el cielo, las luces del sol, de la luna y de las estrellas no son necesarias porque todo el lugar está rodeado por la luz de la gloria de Dios, pero la capa es otorgada adicionalmente para que recuerde las cosas en este mundo.

También hay un lugar llamado 'colina de los recuerdos' y forma un gran pueblo. Aquí es donde el propietario puede evocar su vida en este mundo y donde tiene coleccionadas las cosas que le traen recuerdos. La casa donde nació, las escuelas a las que asistió, los pueblos y ciudades donde vivió, los lugares donde pasó por pruebas, el lugar donde conoció a Dios por primera vez y las iglesias que construyó después de ser un ministro están construidas aquí en orden cronológico.

Aunque los materiales son obviamente diferentes a los de

179

la Tierra, las cosas de su vida terrenal están reproducidas con exactitud con el propósito de que las personas puedan sentir los momentos de su vida terrenal claramente. ¡Qué maravilloso es el tierno y delicado amor de Dios!

Cascadas y un mar con islas

A medida que sigue avanzando por el camino de la contemplación, puede escuchar un sonido fuerte y claro desde lejos. Es el sonido que proviene de una cascada de muchos colores. Cuando la cascada despide espuma, hermosas piedras preciosas al fondo de la cascada producen luces muy brillantes. Es una escena tan magnífica ver un gran caudal de agua caer tres niveles hacia abajo de la parte superior y desembocar en el Río del Agua de Vida. Hay piedras preciosas que proyectan luces dobles o triples a ambos lados de la cascada y emiten luces muy impresionantes junto con la espuma de agua. Usted puede sentirse renovado y lleno de energías tan solo al contemplar esta escena.

También hay una caseta en lo alto de la cascada desde donde las personas pueden contemplar el gran paisaje o descansar. Uno puede ver la casa celestial en su totalidad; el paisaje es tan imponente y hermoso que no se puede describir adecuadamente con palabras de este mundo.

Detrás del castillo hay un inmenso mar e islas de diferentes tamaños. El agua de mar, pura y cristalina, brilla como si hubieran piedras preciosas esparcidas sobre el agua. También es un espectáculo muy hermoso ver los peces nadar en el transparente mar, y para sorpresa de uno, las bellas casas del color de verde jade están construidas debajo del mar. En este mundo, aun el hombre más rico no puede tener una casa bajo el mar.

Sin embargo, debido a que el Cielo está en el mundo de las cuatro dimensiones en el que todo es posible, hay demasiadas cosas cuya existencia no podemos comprender o imaginar.

Un gigantesco crucero como el Titanic y un bote de cristal

Las islas en el mar tienen muchas clases de flores silvestres, aves que cantan y piedras preciosas que complementan bellos paisajes. En este lugar se celebran concursos de piragüismo o surf para atraer a muchos ciudadanos celestiales. Hay una nave como el Titanic sobre el suave ondeante mar; la embarcación tiene muchas clases de instalaciones como piscinas, teatros y salas de banquetes. Si usted está en esta transparente embarcación que está totalmente hecha de cristal, siente que está caminando sobre el mar y puede percibir la belleza en lo profundo del mar en un submarino de forma ovalada.

¡Cuánta felicidad causará el poder estar en una embarcación como el Titanic, en un bote de cristal o en un submarino ovalado en este hermoso lugar y pasar siquiera un día! Sin embargo, debido a que el Cielo es un lugar eterno, usted puede disfrutar todas estas cosas para siempre sólo si cumple con las condiciones necesarias para entrar en la Nueva Jerusalén.

Muchas instalaciones pare atletismo y recreación

También hay instalaciones atléticas y recreativas como campos de golf, juegos de bolos, piscinas, campos de tenis, canchas de voleibol, canchas de baloncesto y así sucesivamente. Estas son entregadas como recompensas porque el propietario pudo haber disfrutado esos deportes en la Tierra pero renunció a ellos por el reino de Dios y dedicó todo su tiempo solamente para Él.

La pista de bolos está hecha de oro y piedras preciosas que tienen forma de un bolo. Asimismo la bola y los bolos son también de oro y piedras preciosas. Las personas juegan en grupos de tres o cinco, y pasan juntos un tiempo agradable alentándose unos a otros. La pelota no parece muy pesada, a diferencia de las que hay en la Tierra, así que se desplaza sobre la pista como si hubiera sido lanzada con fuerza incluso si uno la lanza con un suave impulso. Cuando los bolos son derribados, aparecen luces brillantes con un sonido claro y hermoso.

Sobre el campo de golf construido sobre césped de oro, el césped se extiende automáticamente para que la pelota ruede durante los juegos. Cuando el césped se despliega como un juego de dominó, se asemeja a una ola de oro. En la Nueva Jerusalén, aun el césped obedece los deseos del corazón de su amo. Además, después de lanzar al hoyo, una nube pequeña se coloca junto a su amo y lo lleva a otro campo. ¡Cuán asombroso y maravilloso es esto!

Las personas se divierten mucho en la piscina también. Ya que en el Cielo nadie se ahoga, incluso aquellos que no podían nadar estando en este mundo, pueden nadar perfectamente en forma natural. Además, el agua no empapa la ropa sino que pasa por encima como el rocío sobre una hoja. Uno puede disfrutar nadar en cualquier momento porque se puede nadar con la ropa puesta.

Lagos de muchos tamaños y piletas en los jardines

Hay muchos lagos de diferentes tamaños en esta grande y amplia casa celestial. Los peces de muchos colores en los lagos mueven sus aletas alegremente para complacer a los hijos de Dios, dando la impresión de estar expresando en voz alta el reconocimiento de su amor. También se puede ver cómo los peces cambian de colores. Por ejemplo, un pez puede agitar sus aletas de color plateado y de pronto cambiarlas a color perla.

Hay numerosos jardines y cada uno tiene un nombre diferente de acuerdo a su belleza y características en particular. Su belleza no puede expresarse apropiadamente porque tiene el toque distintivo de Dios incluso en cada hoja.

Las piletas también son diferentes dependiendo de las características de cada jardín. Por lo general, expelen agua, pero hay otras piletas que emiten hermosos colores u fragancias. Hay nuevos y agradables aromas que uno no pudo experimentar en la Tierra, como el aroma de la paciencia, el cual se puede sentir en una perla; el aroma del esfuerzo y la pasión de la cornalina, el olor de la abnegación o la fidelidad, y muchos más. En el centro de la pileta, hay letras o dibujos que explican el significado de cada fuente y por qué ha sido creada.

Además hay muchos edificios y lugares especiales en esa casa semejante a un castillo, pero lamentablemente todas esas instalaciones no pueden ser explicadas en detalle. Lo que sí es importante es que Dios no da nada sin una razón sino que todo es recompensado solamente de acuerdo a cuánto uno ha trabajado por el reino y justicia de Dios en la Tierra.

Grande es su recompensa en los Cielos

Ya debe haberse dado cuenta que esta casa celestial es demasiado enorme y maravillosa de imaginar. El gran castillo con completa privacidad está construido en el centro y hay muchos edificios e instalaciones junto con los amplios jardines a su alrededor; esta casa es como un lugar turístico del Cielo. Uno no puede evitar sentirse sorprendido ya que esta casa de un tamaño inimaginable está preparada por Dios para una persona cultivada en la Tierra.

Pero, ¿cuál es la razón por la que Dios ha preparado una casa celestial que es del tamaño de una gran ciudad? Veamos el libro de Mateo 5:11-12:

> *"Bienaventurados sois cuando por mi causa os vituperen y os persigan, y digan toda clase de mal contra vosotros, mintiendo. Gozaos y alegraos, porque vuestro galardón es grande en los cielos; porque así persiguieron a los profetas que fueron antes de vosotros".*

¿Cuánto sufrió el Apóstol Pablo para dar a conocer el reino de Dios? Sufrió privaciones indescriptibles y persecuciones por predicar a Jesús el Salvador a los gentiles. En 2 Corintios 11:23 en adelante, podemos ver que trabajó arduamente en el reino de Dios. Pablo fue encarcelado, azotado o estuvo en peligro de muerte muchas veces mientras estaba predicando el evangelio.

Sin embargo, Pablo nunca se quejó o hizo las cosas de mala gana sino se regocijó y estaba feliz como le mandaba la Palabra de Dios. Después de todo esto, la puerta de la evangelización a los gentiles fue abierta por medio de Pablo. Por lo tanto, lógicamente entró en la Nueva Jerusalén y llegó a obtener el honor de resplandecer como el sol en la Nueva Jerusalén.

Dios ama mucho a los que trabajan arduamente y son fieles incluso hasta sacrificar sus vidas, y los bendice y recompensa con muchas cosas en el Cielo.

La ciudad de la Nueva Jerusalén no está reservada para ninguna persona en particular, sino que cualquiera que santifique su corazón para asemejarse al mismo corazón de Dios y cumpla sus responsabilidades con esfuerzo y alegría puede entrar y vivir allí.

Lo bendigo en el nombre del Señor para que pueda asemejarse al corazón de Dios por medio de fervientes oraciones y por la Palabra de Dios, y que cumpla sus deberes completamente para que pueda entrar en la Nueva Jerusalén y confesar con lágrimas: "Estoy tan agradecido del gran amor del Padre".

Capítulo 9

El primer banquete en la Nueva Jerusalén

"De manera que cualquiera que quebrante
uno de estos mandamientos muy pequeños,
y así enseñe a los hombres,
muy pequeño será llamado en el reino de los cielos;
mas cualquiera que los haga y los enseñe,
éste será llamado grande en el reino de los cielos".

- Mateo 5:19

La sagrada ciudad de la Nueva Jerusalén alberga el trono de Dios y, de entre las incontables personas que son cultivadas en este mundo, aquellas que tienen corazones claros y hermosos como el cristal morarán ahí por siempre. La vida en la Nueva Jerusalén junto a Dios la Trinidad , está llena de un amor inimaginable, emoción, felicidad y júbilo. Las personas disfrutan de felicidad inagotable al asistir a los servicios de adoración y a los banquetes y al sostener conversaciones afectivas unos con otros.

Si usted asiste a un banquete en la Nueva Jerusalén, que es ofrecido por Dios Padre en persona, podrá ver actuaciones y compartir amor con un innumerable número de personas de diferentes moradas del Cielo.

Dios la Trinidad, que con gran paciencia culminó la cultivación humana, se regocija y se siente feliz al ver a sus amados hijos.

El Dios de amor me ha revelado en detalle la vida en la Nueva Jerusalén, la cual está llena de emociones más allá de la comprensión. La razón por la que pude vencer al mal con bondad y amar a los enemigos incluso cuando me encontraba sufriendo sin ningún motivo, se debe a que mi corazón está lleno de esperanza por la Nueva Jerusalén.

Ahora tomemos como ejemplo una escena del primer banquete que se dará en la Nueva Jerusalén para darnos cuenta lo bendecido que es 'asemejarse al corazón de Dios'.

Anhelo que ustedes puedan sentir emoción y felicidad profunda al leer acerca de cómo se realizará este primer banquete en la ciudad de la Nueva Jerusalén.

El primer banquete en la Nueva Jerusalén

Al igual que en la Tierra, en el Cielo hay banquetes y a través de estos podemos entender muy bien el gozo de la vida celestial. Esto se debe a que son lugares honorables desde donde podemos ver y disfrutar de un vistazo la riqueza y hermosura del Cielo. Así como las personas en este mundo se adornan a sí mismos con los objetos más hermosos y comen, beben y disfrutan de las mejores comidas en un banquete ofrecido por el presidente de algún país, cuando se ofrece un banquete en el Cielo, este está lleno de danzas, cantos y felicidad.

Una hermosa melodía de alabanza en el salón

El salón del banquete de la Nueva Jerusalén es muy enorme y grandioso. Si atraviesa la entrada e ingresa a una habitación en la que desde un extremo no se puede ver el otro, a la gran emoción que ya se siente se suma una hermosa melodía de música celestial.

Maravillosa es la luz
que existió antes del inicio de los tiempos.
Él hace brillar todo
Con aquella luz original.
El dio origen a Sus hijos y creó a los ángeles.
Su gloria está por sobre el cielo y la tierra y es grandiosa.
Hermosa es la gracia que Él extendió.
El extendió Su corazón y creó el mundo.
Alaben con labios pequeños su gran amor
Alaben al Señor quien recibe la alabanza y se regocija.
Eleven Su santo nombre y alábenlo por siempre.
Su luz es maravillosa y digna de ser alabada.

El sonido claro y elegante de la música se funde con el espíritu para dar emoción y mucha paz, al igual que siente un bebé en el seno de su made.

La gran entrada del salón del banquete que tiene el color de gemas blancas está adornado con flores celestiales de muchas formas y colores y tiene un hermoso diseño esculpido.

En cada rincón de la ciudad de la Nueva Jerusalén se puede ver que Dios Padre ha preparado cada cosa pequeña con el mínimo detalle por Su delicado amor hacia Sus hijos.

Atravesar la entrada de color de una gema blanca

Innumerables personas atraviesan en fila la hermosa entrada del salón del banquete y los que viven en la Nueva Jerusalén ingresan primero. Ellos usan coronas de oro más elevadas que las coronas de las otras moradas y propagan luces tenues hermosas. Las personas usan vestimenta de una sola pieza de mucho brillo y con luces brillantes. Su tejido es tan liviano y suave como la seda y se ondea de un lado al otro.

Su vestimenta, la cual está decorada con oro o con una gran diversidad de piedras preciosas, tiene bordados en piedras preciosas brillantes en el cuello y las mangas y de acuerdo al mérito de cada persona el tipo de piedras preciosas y el diseño son diferentes. La belleza y honor de los residentes de la Nueva Jerusalén son completamente diferentes a los de los residentes de todas las otras moradas del Cielo.

A diferencia de las personas que permanecen en la Nueva Jerusalén, las demás personas de otros lugares del Cielo deben atravesar por un proceso para asistir al banquete de la Nueva Jerusalén. Las personas del tercero, segundo y primer Reino de los Cielo o del Paraíso tienen que cambiar su ropa por vestidos especiales para la Nueva Jerusalén. Debido a que la luz de los cuerpos celestiales es diferente dependiendo del lugar del que vienen las personas, ellas tienen que prestarse ropa apropiada para visitar las moradas de un nivel superior al lugar donde viven. Esta es la razón por la que hay un lugar aparte para cambiarse de ropa. Hay muchos vestidos en la Nueva Jerusalén y los ángeles ayudan a las personas a cambiarse de ropa. Sin embargo, los que son del Paraíso, aunque pocos, tienen que cambiarse de ropa por sí mismos, sin la ayuda de los ángeles, ellos cambian su ropa por vestidos de la Nueva Jerusalén y se sienten profundamente conmovidos por la gloria de los vestidos. Hasta se avergüenzan de usar ropa para la cual realmente no han sido elegidos.

Las personas del tercero, segundo y primer Reino de los Cielos y el Paraíso, tienen que cambiarse de ropa para ingresar, y en la entrada del salón del banquete, para poder ingresar, deben mostrarles sus invitaciones a los ángeles.

El grandioso y brillante salón del banquete

Cuando los ángeles lo conducen dentro del salón del banquete, no podrá evitar sentirse abrumado por las luces brillantes, la grandeza y la magnificencia del lugar. El piso del salón brilla como el color de una gema blanca sin mancha o empañadura alguna y éste tiene muchas columnas a cada lado. Las columnas circulares son tan claras como el vidrio y el interior está decorado con una diversidad de piedras preciosas que crean su singular belleza. Para sumarse al ambiente y a la calidad del banquete, en cada columna cuelga un ramillete de flores.

¡Cuán emocionante y sobrecogedor será el hecho de ser invitado a un salón de baile que está hecho de mármol blanco y de cristal extremadamente brillante! ¡Cuánto más lo será el salón del banquete celestial que está hecho de muchas clases de piedras preciosas celestiales¡

Delante del salón del banquete de la Nueva Jerusalén hay dos escenarios que proporcionan un sentimiento solemne, como si se retrocediera en el tiempo y se asistiera a la ceremonia de coronación de un antiguo emperador.

En el centro del escenario más elevado hay un gran trono de color de una gema blanca para Dios Padre. A la derecha de este trono está el trono del Señor y a la izquierda está el trono del invitado de honor del primer banquete. Estos tronos están rodeados de luces brillantes y son muy elevados y magníficos para los profetas de acuerdo a la orden celestial, para expresar la majestuosidad de Dios Padre.

Este salón del banquete es suficientemente grande para albergar a los innumerables invitados celestiales. En un lado del salón del banquete hay una orquesta celestial con un arcángel como director. Esta orquesta toca música celestial que se añade al júbilo y felicidad, no solamente durante el banquete, sino también antes de que éste inicie.

La ubicación en los asientos con la guía de los ángeles

Aquellos que han ingresado al salón del banquete son conducidos por los ángeles a sus respectivos asientos con anterioridad y las personas de la Nueva Jerusalén se sientan adelante seguidos por aquellos que pertenecen al tercero, segundo y primer Reino y al Paraíso.

Los que son del tercer Reino también llevan coronas totalmente diferentes a las de la Nueva Jerusalén, y tienen que poner marcas circulares en el lado derecho de las coronas para diferenciarse de las personas de la Nueva Jerusalén. Las personas del segundo y primer Reino deben usar marcas circulares al lado izquierdo de su pecho para lograr diferenciarse de las personas del tercer Reino o de la Nueva Jerusalén. Las personas del segundo y primer Reinos usan coronas, pero aquellos que pertenecen al Paraíso no usan corona alguna.

Los que son invitados al banquete de la Nueva Jerusalén toman asiento y esperan con la mente alborotada, arreglándose la ropa y demás, el ingreso de Dios Padre, anfitrión de este banquete. A medida que suena la trompeta anunciando la entrada del Padre, todas las personas en el salón del banquete se ponen de pie para recibir a su anfitrión. En este momento, aquellos que no han sido invitados al banquete también participan del evento por medio de un sistema de transmisión simultánea instalados en sus respectivos lugares de morada en todas las parte del Cielo.

El Padre entra al salón al sonar la trompeta

Al sonar la trompeta muchos arcángeles que escoltan a Dios Padre entrarán primero, y luego seguirán sus amados antepasados de fe. Ahora cada individuo y cada cosa está lista para recibir a Dios Padre. Las personas que están viendo esta escena se vuelven más ansiosos por ver al Padre y Señor y fijan su mirada al frente.

Finalmente con brillantes y gloriosas luces resplandecientes, el Padre ingresa. Su aparición es grandiosa y digna, pero al mismo tiempo muy gentil y santa. Su suave cabello ondulado brilla como el oro, y esas luces brillantes provienen de Su rostro y todo Su cuerpo haciendo que las personas ni siquiera puedan abrir sus ojos apropiadamente.

Cuando Dios Padre sube al trono, el anfitrión celestial y los ángeles, los profetas que esperaban en el escenario y todas las personas en el salón del banquete inclinan sus cabezas para adorarle. Es un honor muy grande ver en persona, como una criatura, a Dios el Padre, el creador y gobernante de todo. ¡Esto es tan gozoso y emocionante! Sin embargo, no todos los invitados pueden verlo. Las personas del Paraíso, así como las del primero y segundo Reino, no pueden alzar sus rostros a causa de la luz brillante. Ellos sólo derraman lágrimas de felicidad y emoción al sentir gratitud por el hecho de poder asistir a este banquete.

El Señor presenta al invitado de honor

Después que Dios Padre se sienta en Su trono, el Señor ingresa conducido por un hermoso y elegante arcángel. Él usa una corona elevada y espléndida, y un manto largo, blanco y brillante. Se le ve digno y lleno de magnificencia. El Señor primero se inclina ante Dios Padre por cortesía, recibe la adoración de los ángeles, profetas y demás personas y les sonríe. Dios Padre, quien está sentado en el trono, está complacido al ver a todas esas personas que asisten a Su banquete.

El Señor se dirige al podio y presenta al invitado de honor del primer banquete y habla detalladamente acerca de su ministerio que ayudó a culminar la cultivación humana. Algunas de las personas que asisten al banquete se preguntan quién es aquel, los que ya saben de él ponen atención al Señor con gran expectativa. Finalmente el Señor termina sus comentarios explicando cómo amó este hombre a Dios Padre, cómo trató de salvar muchas almas y cómo cumplió totalmente la voluntad de Dios. Entonces Dios Padre se abruma por el júbilo y se pone de pie para darle la bienvenida al invitado de honor del primer banquete de la misma forma en que un padre le da la bienvenida a su hijo que regresa exitoso a casa, como un rey que recibe a un general triunfante. En el salón del banquete que está lleno de expectativa y emoción, la trompeta suena una vez más y entonces el invitado de honor hace su ingreso.

Usa una magnífica corona elevada y un largo manto blanco como el del Señor. El también se ve digno pero las personas pueden sentir su amabilidad y misericordia a través de su rostro que se parece al de Dios Padre.

"Les presento a mi hijo amado"

Cuando el invitado de honor del primer banquete ingresa, la gente se pone de pie y empieza a aplaudir con las manos en alto formando ondas. Ellos se dan la vuelta y se regocijan abrazándose unos con otros. Por ejemplo, en la final de la Copa Mundial, cuando el balón vence al portero y da la victoria, todas las personas del país ganador en el estadio o en sus hogares se regocijan y aplauden, se abrazan unos a otros e intercambian gestos de emoción. De igual modo, el salón del banquete de la Nueva Jerusalén se llena de aplausos de júbilo.

La persona que es presentada por el Señor va donde el Padre primero y lo saluda con respeto. Dios Padre abraza a la persona y luego el Señor la abraza.

Ahora Dios Padre dice: "Les presento a mi hijo amado" y una vez más presenta al invitado de honor del primer banquete.

En ese instante, no solamente las personas en el salón del banquete sino también todas las personas que siguen el banquete por medio de pantallas, inclinan sus cabezas para adorarlo.

Entonces Dios Padre se sienta nuevamente en el trono y el Señor y el invitado de honor se sientan en los suyos. Ahora todos los ojos de la gente se enfocan en él una vez más . Dios Padre, mirándolo con un corazón totalmente complacido le dice:

"¡Mi hijo!
Me siento feliz y muy contento
Desde que regresaste a mí
después de terminar la tarea que te di.
Ahora quédate acá y permanece conmigo por siempre".

"¡Estoy muy contento! ¡Que comience un banquete jubiloso!"

Al ver el salón repleto de Sus hijos, Dios Padre dice: "¡Estoy muy contento y maravillado! Que comience un banquete jubiloso". Inmediatamente se toca música celestial y en el escenario empiezan presentaciones de ángeles hermosos danzando y cantando. Los ángeles que tocan música y danzan ejecutan con hermosura las armonías celestiales. Ellos danzan la música suave con elegancia y la música alegre de manera encantadora.

Inclusive en este mundo la gente se asombra a menudo de las actuaciones en el Carnegie Hall en Nueva York o en la Casa de la Ópera de Sidney. ¿Puede usted imaginarse cuán hermosas y conmovedoras serán las presentaciones preparadas para el banquete que Dios ofrece?

Aquellos que asisten al primer banquete de la Nueva Jerusalén son atendidos por ángeles. Ellos se sientan alrededor de las mesas con sus hermanos y hermanas de fe con quienes trabajaron juntos en este mundo y tienen conversaciones amenas, disfrutan de bebidas o saludan a los antepasados de fe a quienes añoraban conocer. También hay un tiempo especial durante las presentaciones: alabanzas y danzas emotivas por parte de los que trabajaron con el invitado de honor en este mundo.

Esta es una fiesta sorpresa que Dios ha preparado para que todos, el Señor, el invitado de honor y todos lo que asisten al banquete, se deleiten. De igual modo el Dios de amor nos recompensa con honor y gloria inexpresable hasta por lo más insignificante que hayamos hecho en este mundo, y el Cielo que Dios nos ha preparado es muy glorioso.

Los profetas del grupo del primer rango en el Cielo

Entonces, ¿qué es lo que debemos hacer específicamente para ser residentes de la Nueva Jerusalén y asistir al primer banquete? No solamente tenemos que aceptar a Jesucristo sino también guardar los nueve frutos del Espíritu Santo y asemejarnos al corazón de Dios que es claro y hermoso como el cristal. En el Cielo el orden se decide por el grado hasta el cual uno se santifica para reflejar el corazón de Dios.

Así es que, inclusive en el primer banquete en la Nueva Jerusalén, los profetas ingresan de acuerdo al rango celestial una vez que Dios Padre ingresa al salón. Los profetas mayores u otros antepasados de la fe están dentro del rango de los que pueden permanecer más cerca al trono de Dios. De manera similar, desde que el Cielo se encuentra regido en un orden basado en la categorización, sabemos que tenemos que semejarnos al corazón de Dios para permanecer más cerca de Su trono.

Ahora consideremos la clase de corazón que es claro y hermoso como el cristal, como el corazón de Dios, y cómo podemos asemejarnos a éste de manera total a través de las vidas de los profetas del grupo de la primera categoría del Cielo.

Elías fue arrebatado sin conocer la muerte

De todos los seres humanos en la Tierra, el que tiene rango más alto es Elías. Por medio de la Biblia se puede ver que cada aspecto de la vida de Elías testifica al Dios viviente, el único Dios verdadero. Él fue profeta en el tiempo del Rey Acab, en el reino del norte de Israel, donde la adoración a ídolos era desenfrenada. Él enfrentó a 850 profetas quienes adoraban ídolos e hizo que caiga fuego del cielo. Elías también hizo caer una gran lluvia después de una sequía de tres años y medio.

"Elías era un hombre sujeto a pasiones semejantes a las nuestras y oró fervientemente para que no lloviese, y no llovió sobre la tierra por tres años y seis meses. Y otra vez oró, y el cielo dio lluvia, y la tierra produjo su fruto" (Santiago 5:17-18).

Además, por medio de Elías, un puñado de harina dentro de un jarro y un poco de aceite en un jarrón duró hasta que terminó la hambruna. Revivió al hijo muerto de una viuda y separó las aguas del río Jordán. Finalmente, atrapado en un remolino, Elías fue arrebatado al Cielo (2 Reyes 2:11).

¿Cuál es entonces la razón por la que Elías, un ser humano como nosotros, pudo hacer las obras poderosas de Dios y evitar incluso la muerte? Esto se debe a que, a través de muchas pruebas durante su vida, él alcanzó un corazón como el de Dios, tan puro y hermoso como el cristal. Elías colocó toda su confianza en Dios en cualquier clase de situación y siempre le obedeció.

Cuando Dios se lo ordenó, el profeta se presentó ante el rey Acab, quien tenía intenciones de matarlo, y proclamó delante de innumerables personas que Dios era el único Dios verdadero. Esa es la razón y la manera en la que recibió el poder de Dios, manifestó Sus obras poderosas para glorificar a Dios en gran manera y llegó a disfrutar de honor y gloria por siempre.

Enoc caminó con Dios durante 300 años

¿Qué les parece el caso de Enoc? Al igual que Elías, Enoc también fue arrebatado al Cielo sin ver la muerte. A pesar de que la Biblia no menciona mucho acerca de él, sin embargo podemos sentir cuánto se asemejaba al corazón de Dios.

> *"Vivió Enoc sesenta y cinco años, y engendró a Matusalén. Y caminó Enoc con Dios, después que engendró a Matusalén, trescientos años, y engendró hijos e hijas. Y fueron todos los días de Enoc trescientos sesenta y cinco años. Caminó, pues, Enoc con Dios, y desapareció, porque le llevó Dios" (Génesis 5:21-24).*

Enoc empezó a caminar con Dios a la edad de 65 años. El era muy bello ante los ojos de Dios porque se asemejaba al corazón de Dios. Dios se comunicaba con él profundamente, caminó con él durante 300 años, y se lo llevó con vida para tenerlo junto a Él. La expresión 'caminar con Dios' significa que Dios está en todo con esa persona en particular, y Dios estuvo con Enoc durante tres siglos en cualquier lugar al que iba. Si usted sale de viaje, ¿con qué clase de persona le gustaría ir? Sería un viaje placentero si va con una persona con quien puede compartir sus pensamientos. Por esto nos damos cuenta que Enoc tenía a Dios en su corazón y es por eso que pudo caminar con Él.

Puesto que Dios es en esencia luz, bondad y amor, no debemos tener oscuridad dentro de nosotros para caminar con Dios, más bien debemos tener bondad y amor desbordante. Enoc se mantuvo santo a pesar de que vivía en un mundo pecaminoso y transmitió a la gente la voluntad de Dios (Judas 1:14). La Biblia no dice que logró algo grandioso o que realizó una tarea especial. Sin embargo, como Enoc en el fondo de su corazón temía a Dios, evitó el mal y vivió y santificó la vida para poder caminar con Él. Dios lo llevó para tenerlo a Su lado muy pronto.

Por lo tanto, Hebreos 11:5 nos dice: *"Por la fe Enoc fue traspuesto para no ver muerte, y no fue hallado, porque lo traspuso Dios; y antes que fuese traspuesto, tuvo testimonio de haber agradado a Dios".*

De igual modo, Enoc, quien poseía la clase de fe que agradó a Dios , fue bendecido para caminar con Dios, fue arrebatado al Cielo sin ver la muerte, y se convirtió en la segunda persona catalogada en el Cielo.

Abraham fue llamado 'amigo de Dios'

¿Qué clase de corazón bello tuvo Abraham para ser llamado amigo de Dios y ser catalogado tercero en el Cielo?

Abraham confiaba plenamente en Dios y le obedeció por completo. Cuando estaba dejando su país de origen por orden de Dios, ni siquiera sabía su destino, pero por obediencia dejó su pueblo natal y sus recursos económicos. Más aún, cuando se le ordenó que ofreciera a su hijo Isaac en holocausto, a quien dio vida a la edad de 100 años, él obedeció inmediatamente. El confió en Dios que es bueno y poderoso, quien puede levantar a los muertos.

Abraham tampoco era egoísta. Por ejemplo, cuando sus posesiones y las de su sobrino Lot eran tan grandes que no podían permanecer en el mismo lugar, Abraham dejó que Lot decidiera primero diciendo: *"No haya ahora altercado entre nosotros dos, entre mis pastores y los tuyos, porque somos hermanos. ¿No está toda la tierra delante de ti? Yo te ruego que te apartes de mí. Si fueres a la mano izquierda, yo iré a la derecha; y si tú a la derecha, yo iré a la izquierda"* (Génesis 13:8-9).

En una ocasión, muchos reyes se unieron e invadieron Sodoma y Gomorra y se llevaron los bienes y alimentos así como a su sobrino Lot que vivía en Sodoma. Entonces Abraham tomó 318 hombres nacidos y entrenados en su casa, persiguió a los reyes y trajo de vuelta los bienes y alimentos. El rey de Sodoma quiso dar a Abraham algunos de los bienes recuperados en señal de gratitud, pero él no aceptó.

Abraham lo hizo para probarles que todas sus bendiciones solamente venían de Dios. De igual manera, Abraham obedeció con fe con un corazón que es tan puro como el cristal para obtener la gloria de Dios. Esta es la razón por la que Dios lo bendijo en abundancia en este mundo, así como en el Cielo.

Moisés, líder del Éxodo

¿Qué clase de corazón tenía Moisés, líder del Éxodo, para ser el cuarto clasificado en el Cielo? Números 12:3 nos dice: *"Y aquel varón Moisés era muy manso, más que todos los hombres que había sobre la tierra"*.

En Judas hay una escena en la que el arcángel Miguel tiene una disputa con el demonio acerca del cuerpo de Moisés, lo que se debió a que Moisés estaba calificado para ir al Cielo sin conocer la muerte. Cuando Moisés era príncipe de Egipto, una vez mató a un egipcio que estaba golpeando a un hebreo. Por eso es que el demonio aducía que Moisés debía ver la muerte.

Sin embargo, el arcángel Miguel tuvo una disputa con el demonio. Dijo que Moisés alejó todos los pecados y el mal y que estaba calificado para ser arrebatado al Cielo. En Mateo 17 leemos que Moisés y Elías descendieron del Cielo para tener una conversación con Jesús. Por estos hechos podemos deducir lo que le pasó al cuerpo de Moisés.

Moisés tuvo que huir del palacio del Faraón debido al asesinato que cometió. Después crió ovejas en el desierto durante 40 años. Él pasó por muchas aflicciones cuando estuvo en el desierto, lo que hizo que dejara de lado su orgullo, sus deseos y la arrogancia que tuvo cuando fue príncipe en el palacio del Faraón. Sólo después de eso Dios le asignó la tarea de sacar a los israelitas de Egipto.

Entonces Moisés, quien una vez mató a una persona y huyó, tuvo que regresar nuevamente donde el Faraón y sacar de Egipto a los israelitas que habían sido esclavos por 400 años. Pudo haber sido imposible para el entendimiento humano, pero Moisés obedeció a Dios y se presentó ante el Faraón.

Ninguna persona tenía la capacidad de ser líder para sacar de Egipto a los millones de israelitas y conducirlos a Canaán. Esa es la razón por la que Dios purificó a Moisés en el desierto por 40 años e hizo de él una gran vasija que pudo abrazar y sobrellevar a los israelitas. Es así como Moisés se convirtió en una persona que pudo obedecer hasta el punto de morir a causa de las aflicciones y pudo realizar la tarea de conducirlos al Éxodo. Mediante la Biblia podemos ver con facilidad lo grande que fue Moisés.

"Entonces volvió Moisés a Jehová, y dijo: Te ruego, pues este pueblo ha cometido un gran pecado, porque se hicieron dioses de oro, que perdones ahora su pecado, y si no, ráeme ahora de tu libro que has escrito" (Éxodo 32:31-32).

Moisés sabía bien que el tachar su nombre en el libro del Señor no sólo significaba la muerte física. Conocía que aquellos cuyos nombres no están escritos en el libro de la vida serían lanzados al fuego del Infierno, la muerte eterna y sufrirán por toda la eternidad. Moisés estaba dispuesto a enfrentar la muerte eterna a cambio del perdón de los pecados de los demás.

¿Qué habría sentido Dios al ver a este Moisés? Dios se encontraba muy complacido con él porque comprendió por completo el corazón de Dios que detestaba el pecado y sin embargo quería salvar a los pecadores. Dios respondió su oración. Él consideró que Moisés por sí solo era más valioso que todos los israelitas porque tenía el corazón correcto ante los ojos de Dios y era tan puro y claro como el agua de la vida que se originaba en Su trono.

Si hubiera un diamante del tamaño de un fréjol, sin ninguna mancha o empañadura, y cientos de piedras del tamaño de un puño, ¿cuál consideraría más valioso? ¡Nadie cambiaría un diamante por piedras ordinarias!

Por lo tanto, si nos damos cuenta del valor que tenía Moisés por sí solo, al lograr un corazón como el de Dios, fue más grande que el de toda la gente de Israel junta, deberíamos lograr que nuestros corazones sean puros y hermosos como el cristal.

Pablo, el Apóstol de los gentiles

El quinto dentro del rango celestial es el Apóstol Pablo quién dedicó su vida a evangelizar a los gentiles. A pesar de que fue fiel al reino de Dios al punto de morir con mucha pasión, en el fondo de su alma estaba apenado porque una vez persiguió a los creyentes en Jesucristo antes de recibirlo. Ese es el motivo por el cual confiesa en 1 Corintios 15:9: *"Porque yo soy el más pequeño de los apóstoles, que no soy digno de ser llamado apóstol, porque perseguí a la iglesia de Dios"*.

Sin embargo, ya que fue una vasija muy buena, Dios lo escogió, lo purificó y lo empleó como apóstol para los gentiles. 2 Corintios 11:23 en adelante explica con detalle las muchas penurias que sufrió cuando predicaba el evangelio y podemos ver que sufrió tanto que perdió la esperanza de vida. Fue azotado y encarcelado muchas veces. Recibió de los judíos cinco veces cuarenta latigazos menos uno, lo golpearon con varas cinco veces, fue apedreado una vez, su barco naufragó tres veces, pasó una noche y un día en el mar abierto, a menudo no dormía, conoció el hambre y la sed, muchas veces pasó sin alimento, pasó frío y desnudez (2 Corintios 11:23-24).

Pablo sufrió tanto que en 1 Corintios 4:9 confesó: *"Porque según pienso, Dios nos ha exhibido a nosotros los apóstoles como postreros, como a sentenciados a muerte; pues hemos llegado a ser espectáculo al mundo, a los ángeles y a los hombres"*.

Entonces ¿por qué permitió Dios que Pablo pase tantas penurias y persecuciones hasta el punto de morir? Dios pudo haberlo protegido de tantas aflicciones, pero por medio de estas Dios quería que Pablo tuviera un corazón tan puro y hermoso como el cristal. Después de todo, el Apóstol Pablo logró obtener alivio y gozo sólo en Dios, se negó a sí mismo por completo y adoptó la forma perfecta de Cristo. Es así que él puede confesar en 2 Corintios 11:28: *"Y además de otras cosas, lo que sobre mí se agolpa cada día, la preocupación por todas las iglesias"*.

También confesó en Romanos 9:3: *"Porque deseara yo mismo ser anatema, separado de Cristo, por amor a mis hermanos, los que son mis parientes según la carne"*. Pablo, quien tenía esta clase de corazón tan puro y hermoso como el cristal, no solamente pudo entrar a la Nueva Jerusalén sino también quedarse junto al trono de Dios.

Mujeres hermosas ante los ojos de Dios

Ya hemos dado un vistazo al primer banquete de la nueva Jerusalén. Cuando Dios Padre entra al salón hay una mujer detrás de Él. Ella ayuda a Dios ataviada con una túnica blanca que casi roza el suelo y que está decorada con muchas clases de piedras preciosas. Esta mujer es María Magdalena.

Tomando en cuenta las circunstancia en aquel tiempo en el que los roles públicos de la mujer eran limitados, ella no podría haber hecho mucho por el reino de Dios, pero debido a que era una mujer bella ante los ojos de Dios, pudo ingresar al lugar más venerado del Cielo.

Existe un rango en el Cielo entre los profetas de acuerdo a

cuánto se han asemejado al corazón de Dios, y esto se da de igual manera entre las mujeres del Cielo, quienes tienen una posición de rango de acuerdo a la medida en la que han reconocido y amado a Dios.

¿Qué tipo de vida vivieron estas mujeres a fin de reconocidas y amadas por Dios y llegar a ser personas de honra en el Cielo?

María Magdalena se encuentra primero con el Señor resucitado

La mujer más amada por Dios es María Magdalena. Durante un largo tiempo ella había estado atada al poder de las tinieblas y fue víctima del desdén y desprecio de los demás a parte de padecer de varias enfermedades. En uno de aquellos días difíciles, ella escuchó las nuevas acerca de Jesús, preparó un costoso perfume y acudió ante Él. Escuchó que Jesús había llegado a la casa de uno de los fariseos, así que fue hasta ahí, pero no se atrevía a acercarse ante Él aunque anhelaba tanto conocerlo. Entonces se le acercó por detrás, empapó Sus pies con sus lágrimas y los secó con su cabello. Luego quebró el frasco y derramó el perfume sobre Él. Por medio de este acto de fe, ella fue liberada del dolor de sus enfermedades y se sintió muy agradecida. Desde ese entonces amó mucho a Jesús y lo siguió a todo lugar al que iba. De este modo se convirtió en una mujer hermosa que dedicó su vida entera para Él (Lucas 8:1-3).

Ella siguió a Jesús incluso cuando fue crucificado y dio su último suspiro, a pesar de que sabía que su sola presencia podía costarle la vida. María fue más allá de simplemente retribuir la gracia que le fue concedida, más bien siguió a Jesús ofreciéndole todo, incluyendo su vida.

María Magdalena, quien amó mucho a Jesús, se convirtió en la primera persona que lo vio después de Su resurrección. Ella se convirtió en la mujer más grandiosa de la historia de la humanidad porque tuvo muy buen corazón y realizó acciones muy hermosas que inclusive conmovieron a Dios.

La Virgen María fue bendecida con la concepción de Jesús

La segunda entre las mujeres más hermosa ante los ojos de Dios es la Virgen María, quien fue bendecida con la concepción de Jesús, quien se convirtió en el Salvador de toda la humanidad. Hace aproximadamente 2.000 años atrás, Jesús tuvo que tomar forma humana y venir a redimir de sus pecados a todos los hombres. Para que esto pudiera llevarse a cabo se requería de una mujer apropiada ante los ojos de Dios, y escogió a María, que en ese tiempo estaba comprometida con José. Dios le dio a conocer con anticipación por medio del arcángel Gabriel que concebiría a Jesús por medio del Espíritu Santo. María no se complicó con ningún razonamiento humano sino que le confesó su fe abiertamente: *"He aquí la sierva del Señor, hágase conmigo conforme a tu palabra"* (Lucas 1:38).

Si en aquellos tiempos una mujer virgen resultaba estar embarazada, no solamente tenía que ser deshonrada públicamente sino también apedreada hasta morir conforme a la Ley de Moisés. Sin embargo, en el fondo de su corazón ella creyó que con Dios nada es imposible y pidió que se hiciera como Él había dicho. Tenía un corazón suficientemente bueno para obedecer la Palabra de Dios aunque esto le costase la vida. ¡Cuán feliz y agradecida se habrá sentido cuando concibió a Jesús o al verlo crecer con el poder de Dios! Fue una bendición muy grande lo que le pasó a María, una simple criatura.

Por eso es que era tan feliz de tan sólo contemplar a Jesús y ella le sirvió y amó más que a su propia vida. De esta manera Dios bendijo en abundancia a la Virgen María y recibió la gloria eterna junto a María Magdalena entre todas las mujeres del Cielo.

Ester no temió a nada con tal de cumplir la voluntad de Dios

Ester, quien valientemente salvó a su pueblo con fe y amor, se convirtió en una mujer hermosa ante los ojos de Dios y alcanzó la posición más honrosa en el Cielo.

Después que Asuero, el rey de Persia, despojara de sus investiduras reales a la reina Vasti, Ester fue escogida entre muchas bellas mujeres y se convirtió en la reina a pesar de ser judía. Fue amada por el rey y por muchas personas porque no era ostentosa ni orgullosa sino que se adornaba con pureza y elegancia a pesar de que en sí ya era muy hermosa.

En el tiempo en que tenía una posición en la realeza, los judíos afrontaban una gran crisis. Amán el agagueo, quien gozaba de los favores del Rey, se enfureció cuando un judío de nombre Mardoqueo no se arrodilló delante de él ni le demostró respeto ni lo honró. Así que él armó una conspiración para destruir a todos los judíos de Persia y obtuvo el permiso del rey para hacerlo.

Ester ayunó durante tres días por su gente y decidió presentarse ante el rey (Ester 4:16). De acuerdo a la ley persa de aquellos tiempos, si alguien se presentaba ante el rey sin ser llamado recibía la pena de muerte, excepto cuando el Rey extendía su cetro de oro firmemente hacia la persona. Después de su ayuno de tres días, Ester confió en Dios y se presentó ante el rey muy decidida y confesando: "¡Si perezco, que perezca!". Como resultado de la intervención de Dios, el mismo Amán quien había conspirado, fue asesinado. Ester no solamente salvó al pueblo sino que su rey la amó aún más.

Así mismo, a Ester se le reconoció como una mujer hermosa y alcanzó una posición gloriosa en el Cielo porque defendió la verdad y tuvo el valor de abandonar su propia vida si eso significaba cumplir la voluntad de Dios.

Rut tuvo un corazón hermoso y bueno

Ahora indaguemos la vida de Rut, quien también es reconocida como una mujer hermosa ante los ojos de Dios y llegó a ser una mujer grandiosa en el Cielo.

¿Qué clase de corazón tuvo y que actos realizó para complacer a Dios y ser bendecida?

Rut la moabita se casó con un israelita cuya familia se había mudado a Moab debido a una hambruna, pero perdió a su esposo muy temprano. Todos los hombres de su familia fallecieron jóvenes así que ella vivía con Noemí, su suegra y con su cuñada Orfa. Noemí, quien estaba preocupada por el futuro de sus nueras, les sugirió que volvieran con sus familias. En medio de lágrimas, Orfa se fue pero Rut se quedó, haciendo la siguiente confesión emotiva:

> *"No me ruegues que te deje, y me aparte de ti; porque a dondequiera que tú fueres, iré yo, y dondequiera que vivieres, viviré. Tu pueblo será mi pueblo, y tu Dios mi Dios. Donde tú murieres, moriré yo, y allí seré sepultada; así me haga Jehová, y aun me añada, que sólo la muerte hará separación entre nosotras dos"* *(Rut 1:16-17).*

Debido a que Rut tenía esta clase de corazón hermoso nunca pensó en su propio beneficio, por el contrario, hizo el bien sin importar que le causara daño y cumplió su tarea de servir fielmente a su suegra con alegría.

El hecho de que Rut servía a su suegra fue tan hermoso que toda la aldea sabía de la fidelidad de Rut y la amaban. Al pasar el tiempo, con la ayuda de su suegra se casó con un hombre llamado Booz, un pariente cercano de su esposo. Dio a luz a un niño y se convirtió en bisabuela del rey David (Rut 4:13-17). Lo que es más, Rut fue bendecida al formar parte del árbol genealógico de Jesús a pesar de ser una mujer gentil (Mateo 1:5-6) y se convirtió, junto con Ester, en una de las mujeres más bellas del Cielo.

La cercanía de María Magdalena al trono de Dios

¿Cuál es entonces la razón por la que Dios nos da a conocer acerca del primer banquete de la Nueva Jerusalén y del orden de los profetas y las mujeres? El Dios de amor no solamente desea que todas las personas obtengan la salvación y entren al Reino de los Cielos, sino que también se asemejen a Su corazón para que puedan estar cerca de Su trono en la Nueva Jerusalén.

Para que nosotros podamos tener el honor de estar cerca del trono de Dios en la Nueva Jerusalén nuestros corazones tienen que asemejarse a su corazón que es claro y hermoso como el cristal. Tenemos que lograr tener un corazón hermoso similar a los doce cimientos de los muros de la ciudad de la Nueva Jerusalén.

Por lo tanto, de ahora en adelante, vamos a indagar en la vida de María Magdalena quien sirve a Dios Padre permaneciendo cerca de Su trono.

Mientras yo oraba por los 'Estudios del Evangelio de Juan', llegué a conocer con gran detalle la vida de María Magdalena por medio de la inspiración del Espíritu Santo. Dios me dio a conocer la clase de familia en la que María Magdalena nació, cómo vivió y la vida que disfrutó felizmente después de conocer a Jesús nuestro Salvador. Anhelo que usted imite su belleza y el buen corazón que tuvo al asumir la culpa de todo y su vida dadora de amor al Señor para que así también pueda tener el honor de permanecer cerca del trono del Señor.

Ella nació dentro de una familia idólatra

La llamaron 'María Magdalena' porque nació en una aldea llamada Magdalena, la cual era completamente idólatra. Su familia no era una excepción; a su familia le cayó una maldición que duró por muchas generaciones y tuvieron muchos problemas debido a la fuerte adoración de ídolos.

María Magdalena, nacida en una pésima situación espiritual, no podía alimentarse adecuadamente debido a un desorden gástrico. Además, por causa del débil estado físico en el que se encontraba todo el tiempo, su cuerpo estaba propenso a toda clase de enfermedades. Lo que es más, sus períodos se interrumpieron a una corta edad, perdiendo así una función femenina muy importante. Ese es el motivo por el que siempre se quedaba en casa y ella misma no quería darse a notar.

Sin embargo, aunque los miembros de su familia la menospreciaban y trataban con frialdad, nunca tuvo una queja sobre ellos. En vez de eso, los comprendió y trató de ser una fuente de fortaleza para ellos, tomando la carga sobre sus hombros. Cuando se dio cuenta que no podía proporcionar fortaleza a los miembros de su familia, sino que más bien era una carga para ellos, se apartó de su familia. Esto no se debió al odio o repugnancia por su maltrato, sino que simplemente no quiso ser una carga para ellos.

Se esforzó al máximo y asumió la culpa sobre sus hombros

Ella conoció a un hombre y trató de confiar en él, pero era un hombre de muy mal corazón. No hizo el mínimo esfuerzo por mantener a su familia, sino más bien se dedicó a los juegos de azar. A menudo le pedía a María Magdalena a golpes y gritos que le lleve más dinero.

María Magdalena empezó a hacer trabajos de costura a la vez que buscaba una fuente de ingresos más estable. Pero ya que era débil por naturaleza y trabajaba todo el día, se debilitó aún más hasta que tuvo que depender de otra persona incluso para moverse. Sin embargo, a pesar de que ella mantenía al hombre, éste ni siquiera se lo agradecía sino simplemente la desatendía y la humillaba. María Magdalena no lo odiaba, solamente sentía pena por no poder ser de más ayuda para aquel hombre debido a su cuerpo débil y consideraba razonable todo este maltrato.

Mientras se encontraba en esta situación desesperante, abandonada por sus padres, hermanos y el hombre, oyó muy buenas nuevas. Escuchó noticias de que Jesús realizaba milagros maravillosos tales como hacer que los ciegos vean y los mudos hablen. Cuando María Magdalena oyó sobre todas estas cosas no tuvo ninguna duda referente a las demostraciones y maravillas que Jesús realizaba porque su corazón era muy bueno. Más bien tenía fe en que sus debilidades y enfermedades sanarían al conocer a Jesús.

Esperaba con fe conocer a Jesús. Finalmente escuchó que Jesús había ido a su aldea y se alojaba en la casa de un fariseo llamado

Simón.

Derramar perfume con fe

María Magdalena se encontraba tan feliz que compró perfume con el dinero que había ahorrado de sus labores de costura. No se puede describir con precisión las emociones que pudo haber sentido cuando conoció a Jesús.

La gente evitaba que se acerque a Jesús debido a su ropa andrajosa, pero realmente nadie pudo detener su pasión. A pesar de las miradas agudas, María Magdalena se acercó a Jesús y derramó lágrimas sin cesar al ver su apacible figura.

No se atrevía a pararse delante de Jesús, así que fue detrás de Él. Cuando estuvo a Sus pies derramó aún más lágrimas y empapó Sus pies, los secó con su cabello y quebró el frasco de perfume y lo derramó en ellos porque para ella, Él era muy precioso.

Ya que María Magdalena se presentó ante Jesús de manera muy sincera, no solamente sus pecados fueron perdonados para alcanzar la salvación sino que también se dio una maravillosa obra de sanidad de todas sus enfermedades internas y de la piel. Nuevamente empezaron a funcionar con normalidad todas las partes de su cuerpo y comenzó a tener sus períodos. Su rostro que se había tan mal debido a las muchas enfermedades se llenó de gozo y felicidad, y su cuerpo que había estado muy débil se tornó saludable. Nuevamente volvió a descubrir su valor como mujer y dejó de estar atada al poder de las tinieblas.

Siguió a Jesús hasta el final

María Magdalena experimentó algo por lo cual estaba más agradecida que por su sanidad. Fue el hecho de conocer a una persona que le brindó un amor desbordante, el cual nunca antes había recibido de ninguna persona. Desde ese entonces ella dedicó a Jesús todo su tiempo y pasión con mucha dicha y gratitud. Ella pudo apoyar económicamente a Jesús con sus trabajos de costura u otros, ya que su salud fue restaurada, y lo siguió con todo su corazón.

María Magdalena no sólo seguía a Jesús cuando hacía demostraciones y cosas maravillosas sino también estuvo con Él cuando sufrió por culpa de los soldados romanos y cargó la cruz. Incluso cuando Jesús estaba crucificado, ella estuvo allí, a pesar del hecho de que su propia presencia podía costarle la vida. María Magdalena subió al Gólgota siguiendo a Jesús que cargaba su cruz.

¿Qué habrá sentido cuando Jesús, a quien amó sinceramente, sufrió tanto dolor y derramó agua y sangre?

Señor ¿Qué haré? ¿Qué haré?
Señor ¿Cómo puedo vivir?
¿Cómo puedo vivir sin ti, Señor?

Si sólo pudiera tomar la sangre que derramaste,
si sólo pudiera asumir el dolor que estás sufriendo.

Señor, no puedo vivir sin ti.

No puedo vivir si es que no estás conmigo.

María Magdalena no apartó sus ojos de Jesús hasta que exhaló su último aliento, y en lo profundo de su corazón trató de grabar el brillo de Sus ojos y Su rostro. Más aún, ella vio a Jesús hasta su último momento y siguió a José de Arimatea quien puso el cuerpo de Jesús en una tumba.

Fue testigo del Señor resucitado al amanecer

María Magdalena esperó que pase el día de reposo y al amanecer del primer día fue a la tumba para ponerle perfume al cuerpo de Jesús. Sin embargo, no logró encontrar su cuerpo. Entristeció profundamente y lloró ahí, y el Señor Jesucristo se le apareció. Así fue como ella tuvo el honor de ver al Señor resucitado antes que otras personas.

Incluso después de que Jesús murió en la cruz, ella no podía creerlo. Jesús era su todo y lo amaba muchísimo. ¡Cuán feliz se habrá sentido al encontrarse con el Señor resucitado en esa situación extrema! No podía detener sus lágrimas de tanta emoción. Al principio no reconoció al Señor, pero cuando la llamó 'María' con voz amable, lo pudo reconocer. En Juan 20:17 el Señor resucitado le dice: *"No me toques, porque aún no he subido a mi Padre; mas ve a mis hermanos, y diles: Subo a mi Padre y a vuestro Padre, a mi Dios y a vuestro Dios"*. Jesús se le apreció a María Magdalena después de la resurrección antes de subir donde su Padre porque el Señor también la amaba mucho.

La divulgación de la noticia de la resurrección de Jesús

¿Puedes imaginar lo incontrolablemente feliz que debe haberse sentido María Magdalena cuando se encontró con el Señor resucitado a quien ella había amado tanto? Ella confesó que quería estar por siempre con el Señor. El Señor conocía su corazón, pero le explicó que por el momento no podía quedarse con Él y le dio una misión. Tenía que comunicar a los discípulos las nuevas de su resurrección porque se tenía que preparar y confortar sus mentes después del impacto de la resurrección de Jesús.

En Juan 20:18 vemos que *"Fue entonces María Magdalena para dar a los discípulos las nuevas de que había visto al Señor, y que él le había dicho estas cosas"*. El hecho de que María Magdalena haya sido testigo del Señor resucitado antes que otra persona y que haya informado las nuevas a los discípulos no fue una coincidencia. Fue el resultado de toda su devoción y servicio al Señor con un amor apasionado hacia Él.

Si Pilato hubiera preguntado si alguien deseaba ser crucificado en lugar de Jesús, habría sido la primera en ofrecerse y salir al frente; María Magdalena amó a Jesús más que a su propia vida y lo sirvió con total devoción.

El honor de servir a Dios el Padre

Dios estaba muy complacido con María Magdalena por su buen corazón y su amor espiritual pleno. María Magdalena amó a Jesús desde que lo conoció con un amor invariable y verdadero.

Dios Padre, quién recibió su corazón puro y hermoso, la quiso colocar junto a Él y oler el aroma bueno y encantador de su corazón. Esa es la razón por la que, cuando llegó el tiempo, Él permitió que María Magdalena alcance la gloria de servirlo inclusive tocando Su trono.

Lo que más desea Dios Padre es obtener hijos verdaderos con quienes Él pueda compartir Su amor verdadero por siempre.

Por eso es que El planificó el cultivo de la humanidad, se dividió a Sí mismo en la Trinidad y ha estado esperando y sobrellevando a los seres humanos de este mundo durante un tiempo bastante largo.

Entonces, cuando las moradas del Cielo ya estén todas listas aparecerá en el aire y ofrecerá un banquete de bodas con sus novias. Entonces les permitirá gobernar con Él durante mil años y los conducirá a las moradas celestiales. Viviremos por siempre con Dios la Trinidad en completa felicidad y gozo en el Cielo que es claro, puro y hermoso como el cristal, llenos de la gloria de Dios. ¡Qué felices estarán los que ingresen a la Nueva Jerusalén ya que pueden conocer a Dios frente a frente y quedarse por siempre con Él!

Hace dos mil años Jesús preguntó: *"Pero cuando venga el Hijo del Hombre, ¿hallará fe en la tierra?"* (Lucas 18:8). Es muy difícil encontrar fe en la Tierra hoy.

El Apóstol Pablo, quien tuvo la misión de predicar el evangelio a los gentiles, escribió una pequeña carta antes de su muerte a su hijo espiritual Timoteo, quien sufría en persona de las divisiones herejes y de persecución hacia los cristianos.

"Te encarezco delante de Dios y del Señor Jesucristo, que juzgará a los vivos y a los muertos en su manifestación y en su reino, que prediques la palabra; que instes a tiempo y fuera de tiempo; redarguye, reprende, exhorta con toda paciencia y doctrina. Porque vendrá tiempo cuando no sufrirán la sana doctrina, sino que teniendo comezón de oír, se amontonarán maestros conforme a sus propias concupiscencias, y apartarán de la verdad el oído y se volverán a las fábulas. Pero tú sé sobrio en todo, soporta las aflicciones, haz obra de evangelista, cumple tu ministerio. Porque yo ya estoy para ser sacrificado, y el tiempo de mi partida está cercano. He peleado la buena batalla, he acabado la carrera, he guardado la fe. Por lo demás, me está guardada la corona de justicia, la cual me dará el Señor, juez justo, en aquel día; y no sólo a mí, sino también a todos los que aman su venida" (2 Timoteo 4:1-8).

Si usted tiene esperanza por el Cielo y anhela la aparición del Señor, debe tratar de vivir de acuerdo a la Palabra de Dios y librar la buena batalla. El Apóstol Pablo se regocijó siempre a pesar de que sufrió demasiado cuando predicaba las buenas nuevas.

Por lo tanto, siempre debemos santificar nuestros corazones y realizar nuestras tareas con más ahínco del que se espera para complacer a Dios para poder compartir el verdadero amor permaneciendo cerca al trono de Dios por siempre.

Mi Dios,

Tú que vendrás en nubes de gloria,
Anhelo el día en que estaré entre tus brazos.
Por tu glorioso trono
Compartiremos amor por siempre,
Ese amor que no pudimos compartir en la Tierra,
Y juntos recordaremos el pasado.
¡Ah! Con danzas entraré al reino celestial cuando el Señor
me llame.
¡Sí, al reino celestial!

ACERCA DEL AUTOR
Dr. Jaerock Lee

El Rev. Dr. Jaerock Lee nació en 1943 en Muan, Provincia de Jeonnam, República de Corea. A sus veinte años, él padeció de una serie de enfermedades incurables durante siete años, y al no tener ninguna esperanza de recuperación, él esperaba únicamente la muerte. Cierto día, durante la primavera de 1974, fue invitado por su hermana a una iglesia, y cuando se inclinó para orar, el Dios vivo inmediatamente lo sanó de todas sus enfermedades.

Desde el momento en que el Rev. Dr. Lee conoció a Dios a través de aquella experiencia maravillosa, él ha amado a Dios con todo su corazón y sinceridad. En 1978 él recibió el llamado a ser un siervo de Dios. Clamó fervientemente a fin de entender con claridad la voluntad de Dios y llevarla a cabo por completo, y obedeció a cabalidad la Palabra de Dios. En 1982 fundó la Iglesia Central Manmin en Seúl, Corea del Sur, e innumerables obras de Dios, incluyendo sanidades o prodigios milagrosos, han tomado lugar en la iglesia.

En 1986 el Rev. Dr. Lee fue ordenado como pastor en la Asamblea Anual de la Iglesia de Jesús de Sungkyul de Corea, y cuatro años más tarde sus sermones empezaron a ser transmitidos en Australia, Rusia, las Filipinas, y otros lugares a través de la Compañía de Radiodifusión del Lejano Oriente, la Estación de Radiodifusión de Asia, y el Sistema Radial Cristiano de Washington.

Luego de transcurridos tres años, en 1993, la Iglesia Central Manmin fue denominada por la Revista Christian World de EE. UU. como una de las '50 Iglesias Principales del Mundo'. El mismo año el Dr. Lee obtuvo un Doctorado Honorario en Teología en Christian Faith College, Florida, EE. UU., y en 1996 obtuvo un Ph.D. en Ministerio en el Seminario Teológico de Kingsway en Iowa, EE. UU.

Desde 1993, el Rev. Dr. Lee ha tomado la batuta en el área de las misiones mundiales a través de cruzadas evangelísticas internacionales en los Estados Unidos (Nueva York, Los Ángeles, Baltimore, Hawái), Tanzania,

Argentina, Uganda, Japón, Pakistán, Kenia, las Filipinas, Honduras, India, Rusia, Alemania, Perú, República Democrática de Congo e Israel. En el año 2002 los principales diarios cristianos de Corea lo nombraron 'el Pastor mundial' por su labor en varias Grandes Cruzadas Unidas internacionales.

Hasta diciembre de 2011, la Iglesia Central Manmin cuenta con una congregación de más de 120.000 miembros; tiene 10.000 iglesias filiales locales e internacionales en el mundo entero, más de 129 misioneros que han sido comisionados a 23 países, entre ellos los Estados Unidos, Rusia, Alemania, Canadá, Japón, China, Francia, India, Kenia, y muchos más.

Hasta la fecha de esta publicación, el Dr. Lee ha escrito 64 libros, incluyendo algunos en lista de superventas de librería tales como *GOZANDO DE LA VIDA FRENTE A LA MUERTE, MI VIDA MI FE I y II, EL MENSAJE DE LA CRUZ, LA MEDIDA DE FE, CIELO I y II, INFIERNO, y EL PODER DE DIOS.* Sus obras han sido traducidas a más de 72 idiomas.

Sus editoriales cristianos se publican en los diarios *The Hankook Ilbo, The JoongAng Daily, The Dong-A Ilbo, The Munhwa Ilbo, The Seoul Shinmun, The Kyunghyang Shinmun, The Hankyoreh Shinmun, The Korea Economic Daily, The Korea Herald, The Shisa News, y The Christian Press.*

El Dr. Lee es actualmente el líder de muchas organizaciones y asociaciones misioneras, entre ellas: Presidente de la Iglesia de la Santidad Unida de Jesucristo, Presidente de la Misión Mundial Manmin, Presidente vitalicio de la Asociación de Avivamiento y Misiones Cristianas Mundiales, Fundador y Presidente de la Junta de la Red Cristiana Mundial (GCN por sus siglas en inglés), Fundador y Presidente de la Junta de la Red Mundial de Médicos Cristianos (WCDN por sus siglas en inglés), y Fundador y Presidente de la Junta del Seminario Internacional Manmin (MIS por sus siglas in inglés).

Cielo I

Una descripción detallada del maravilloso y vívido ambiente que los ciudadanos del Cielo disfrutarán en los cinco niveles del Reino de los Cielos, además de una hermosa descripción de cada uno de ellos.

Gozando de la Vida Frente a la Muerte

El testimonio de la vida y de las experiencias del Reverendo Dr. Jaerock Lee, quien nació de nuevo y fue rescatado del valle de la muerte, y que desde entonces ha vivido una vida cristiana ejemplar.

Infierno

Un sincero y ferviente mensaje de Dios para toda la humanidad. ¡Dios desea que ningún alma caiga en las profundidades del infierno! Usted descubrirá una descripción nunca antes revelada de la cruel realidad del Hades y del Infierno.

Mi Vida, Mi Fe I y II

La autobiografía del Dr. Jaerock Lee proporciona un fragante aroma espiritual a los lectores a través de su vida extraída del amor de Dios que brotó en medio de olas oscuras, un yugo frío y la mayor desesperación.

La Medida de Fe

¿Qué tipo de lugar celestial y qué tipo de corona y recompensas están preparadas para usted en el Cielo? Este libro proporciona la sabiduría y guía para que usted mida su fe y cultive una fe mejor y más madura.

www.urimbooks.com